DE VOLTA AO MERCADO

Laurie A. Helgoe

DE VOLTA AO MERCADO

Reaprendendo a namorar depois da separação

Tradução
Leonardo Barroso
Bárbara Coutinho

Título original: BOOMER'S GUIDE TO DATING (AGAIN)
Copyright © 2008 by Laurie A. Helgoe, Ph.D.

Direitos de edição da obra em língua portuguesa no Brasil adquiridos pela Editora Nova Fronteira S.A. Todos os direitos reservados. Nenhuma parte desta obra pode ser apropriada e estocada em sistema de banco de dados ou processo similar, em qualquer forma ou meio, seja eletrônico, de fotocópia, gravação etc., sem a permissão do detentor do copirraite.

EDITORA NOVA FRONTEIRA S.A.
Rua Bambina, 25 – Botafogo – 22251-050
Rio de Janeiro – RJ – Brasil
Tel.: (21) 2131-1111 – Fax: (21) 2286-6755
http://www.novafronteira.com.br
e-mail: sac@novafronteira.com.br

CIP-Brasil. Catalogação-na-fonte
Sindicato Nacional dos Editores de Livros, RJ.

H415v Helgoe, Laurie A.
De volta ao mercado : reaprendendo a namorar depois da separação / Laurie A. Helgoe ; [tradução Leonardo Barroso e Bárbara Coutinho]. – Rio de Janeiro: Nova Fronteira, 2008.

Tradução de: Boomer's Guide to Dating (Again)

ISBN 978-85-209-2087-9

1. Encontro (Costumes sociais). 2. Pessoas sozinhas – Psicologia. 3. Pessoas divorciadas – Psicologia. I. Título. II. Série.

CDD 646.77
CDU 392.4

Sumário

Parte 1
Seguindo em frente (ou deixando o passado para trás) 9
   1 Livre como um pássaro! 11
   2 A voz dos antigos amores 17
   3 Desapegar-se é algo difícil de se fazer 23
   4 Decidindo por você mesmo 29
   5 Medo de namorar 35
   6 E as crianças? 43
   7 "Eu odeio jogos de namoro" 49
   8 "Todos os bons partidos estão comprometidos" 57
   9 "Eu não posso sair assim!" 65
   10 Você pode ter um ensaio 73

Parte 2
Encontrando pessoas 79
   11 "Você também?": conectando-se através de interesses em comum 81
   12 Encontro de mentes 87
   13 Parceiros no suor 91
   14 No espírito 95
   15 Indo às compras 101
   16 Casamenteiro, casamenteiro 107

17 "Procura-se um namorado": usando anúncios 115
18 MeNamore.com.br 123
19 Casamenteiro profissional 131
20 O encontro às cegas 137

Parte 3
Abraçando a Aventura 143
21 Química elementar: Os segredos da atração 145
22 Primeiro contato 151
23 Fazendo o encontro 157
24 O guia do primeiro encontro 163
25 Namorando abertamente 169
26 Aproveitando o "quase" 173
27 Antes de você abrir o zíper 177
28 Sexo, a esta altura 181
29 Dizendo 187
30 Já está se divertindo? 191
31 Do encontro ao relacionamento 195

Parte 4
Solução de problemas 199
32 Nada está acontecendo! 201
33 Os jogos que jogamos 207
34 Eu preciso de você (por enquanto) 211
35 "Ai!": lidando com a rejeição 215
36 Por que eu continuo saindo com você? 221
37 Por que vivo experimentando? 227

38 Por que continuo namorando a mesma pessoa (em diferentes corpos)?...................231
39 O namoro e as crianças...................235
40 Minha paquera tem compromisso!...................241
41 Será que é amor?...................247
Apêndice A Elaborando o seu "anúncio"...................253
Apêndice B Quem atrai você?...................263

Parte 1

Seguindo em frente (ou deixando o passado para trás)

Quando você era adolescente, ouvir os Beatles cantarem "Yesterday" podia fazer seus problemas irem para bem longe. Hoje, esses problemas podem estar minando o seu desejo de encontrar um novo amor. Os capítulos da Parte 1 deste livro o ajudam a se desfazer do peso de seus relacionamentos anteriores, a confrontar o medo de nunca mais se apaixonar e as preocupações com a reação dos filhos, a descobrir suas próprias vontades e se libertar para a experiência de namorar de novo, encarando-a como uma nova e revigorante aventura.

Capítulo 1

Livre como um pássaro!

Exponha-se aos seus piores medos; depois disso, o medo não tem mais poder, e o medo da liberdade diminui e some. Você está livre.
— *Jim Morrison, vocalista do grupo The Doors*

Talvez nunca tenhamos imaginado namorar nesta fase de nossas vidas. Namorar é algo que associamos à juventude — e ao vigor.

E mesmo que o assunto namoro traga muitas lembranças, nem todas as nossas experiências amorosas foram positivas. A boa notícia é: na verdade, somos mais livres agora do que éramos quando jovens — gritando por liberdade até ficarmos sem voz —, porque a vida nos deu diversas opções.

Sim, é assustador. A liberdade sempre é. Mas se conseguirmos abraçá-la, podemos até nos divertir.

Tendo uma segunda chance

De todos os prazeres da vida, dificilmente temos melhores recordações do que as nossas primeiras experiências amorosas. Lembra como foi a sensação de dançar música lenta na escola, deixar os corpos se tocarem e comunicarem mensagens secretas? Finalmente beijar? Ficar se agarrando a noite toda? (*Como* nós fazíamos isso?) Lembra quando você mostrou seu corpo pela primeira vez àquela pessoa que você amava (ou pensava amar) e sentiu as primeiras reações quando seus corpos se encontraram? Pois é, você está pronto (ou pronta) para tentar de novo?

Mas há outras razões pelas quais fantasiamos sobre recomeçar. Já não houve vezes em que você quis retornar aos seus tempos de namoro, juntar o seu cérebro adulto com o seu corpo adolescente e fazer tudo melhor? Com certeza, é muito mais fácil sentir essa confiança quando estamos apenas imaginando. Agora que precisamos ir à luta de verdade, pode ser que fiquemos um pouco mais tímidos. E, infelizmente, não temos como trazer nossos corpos de adolescente de volta. No entanto, temos a magia de uma segunda chance e a poção composta por tudo o que aprendemos. É só voltar e ver no que a mistura pode dar.

Águas passadas não movem moinhos

Antes de seguir adiante, vamos deixar suas experiências amorosas iluminarem as suas perspectivas. Tente fazer uma lista das pessoas com quem saiu. Fotos antigas podem ajudar bastante. O objetivo principal deste exercício, no entanto, é que você reflita sobre como *você* era. Coloque-se de novo em um dos seus encontros. Você estava nervoso, confiante, aberto ou tímido? Quais encontros foram divertidos e quais você tentou boicotar com todas as suas forças? Quanto mais você fizer esse exercício, mais vai lembrar.

Agora, pense em como você gostaria de ser desta vez. Mais confiante, relaxado, detalhista? Talvez haja algum encontro específico que você adoraria tentar fazer dar certo desta vez. Se isso fosse possível, provavelmente não toleraríamos certas atitudes que aceitávamos naquela época. Hoje temos a sensação de que não há tempo a perder, e estamos menos dispostos a gastá-lo com quem nos trata mal.

E aquelas vezes em que levamos um fora? A rejeição acontece, mas é o que nós *fazemos* a respeito dessa rejeição que pode mudar. Se você foi dispensado por alguém por quem era loucamente apaixonado, talvez tenha decidido que a paixão não era segura e se "estabelecido" com alguém com quem você tinha um relacionamento apenas morno. Ou talvez você tenha começado rejeitando antes que pudesse ser rejeitado. Desta vez, podemos abraçar o risco da rejeição na busca pela paixão e pelo entusiasmo no relacionamento. E, se a rejeição acontecer, o Capítulo 34 vai ensinar como continuar no jogo.

Se algumas recordações nos envergonham, outras nos fazem sorrir, e outras ainda nos deixam simplesmente excitados. Você pode ter se esquecido daquela pessoa com quem teve um romance tórrido, ou daquela que você beijou pela primeira vez, ou da pessoa que namorou e por quem talvez ainda sinta alguma coisa. Você pode se surpreender ao notar as coisas que fez *direito*, os riscos que foram premiados com prazer e o quanto você se divertiu. Use essas boas recordações para alimentar a sua confiança. Se você se saiu bem quando não tinha a menor noção, imagine o que pode fazer agora!

Por falar em agora, namorar hoje é diferente do que era na época em que crescemos. Somos menos idealistas, talvez um pouco menos pacientes com as coisas, mais cheios de manias, e talvez nos sintamos um pouco mais vulneráveis agora. Uma pesquisa com pessoas com idade entre 40 e 69 anos e que namoram revela uma tendência para envolvimentos afetivos por pura diversão e companhia, e não por sexo casual ou casamento; e destaca que uma porcentagem significativa de mulheres está namorando homens mais novos, desafiando a idéia tradicional de o homem ser o mais velho no casal. Podemos levar a experiência adiante, mas não podemos voltar atrás. Sabemos demais. E sim, estamos mais velhos.

Por sermos tantos e termos poder de compra, a geração de meia-idade vem atraindo especialistas em saúde, forma física e beleza. Na verdade, são um grupo bastante atraente! Olhe para trás em busca de inspiração ou lembranças de lições aprendidas; depois pense bem no fato de que você tem uma nova aventura pela frente. Você tem tantas opções, e adiante está a chance de fazer algo de bom para si mesmo.

Você chegou longe, meu bem

Aos quarenta, decidi experimentar a carreira de modelo. Depois de diminuir meu peso até a faixa exigida (muito!), fui a um teste em minha cidade. Eu era a única pessoa acima dos trinta, e a maioria das candidatas tinha menos de vinte. Apesar de estar assim tão destacada, percebi que eu parecia muito mais à vontade do que as outras. Assim como as candidatas mais novas, eu esperava que coisas boas acontecessem. A diferença era que eu já tinha uma identidade. Eu não estava esperando que os jurados decidissem quem eu era. Essa diferença permitiu que eu pudesse me divertir, descobrir as coisas por conta própria e, no fim das contas, ser *eu* mesma a avaliadora daquela experiência.

Essa é a atitude que nos dá uma certa vantagem quando pensamos em namoro. Quando você tinha dezesseis anos, estava apenas começando a definir quem você era. Assim como para as candidatas a modelo de olhos arregalados, o que o mundo podia achar a seu respeito era um grande peso para você. Mas agora você está num grau avançado da sua vida, e aqui vão alguns motivos pelos quais isso compensará:

• Você se porta de maneira diferente. Essa diferença é sutil, mas muito poderosa. Você se sente mais à vontade no mundo, porque já está nele há mais tempo. Conversa com outros adultos como iguais, não como autoridades. Há lugares onde é conhecido e respeitado. Essa noção de que o mundo é o seu lugar não apenas o liberta para curtir a viagem, mas também assusta.

• Você tem mais sobre o que conversar. Lembra o sofrimento que era quando você e seu paquera não tinham absolutamente nada a dizer um para o outro? Depois de falarem sobre todas as novidades da escola, pode ser que não sobrasse muita coisa. Agora você pode falar sobre os lugares fascinantes em que esteve ou as situações engraçadas pelas quais passou, ou a maneira singular como passou a entender o mundo. Pense em como você se tornou interessante, simplesmente por estar aqui e ser quem é.

- Você sabe o que quer. Se acabou de sair de um relacionamento, talvez saiba mais sobre o que você *não* quer, mas isso também ajuda. Está menos propenso a se prender a situações que deixam a desejar. Saber quem é, o que quer e o que o deixa feliz tornará mais fácil para você encontrar pessoas de que goste e com quem queira passar seu tempo. E, como bônus, saber o que se quer é sexy.
- Você conhece as suas limitações. Uma esticada de noite agora pode significar ir só até às onze, mas pelo menos conhece seus defeitos e limites. Está menos propenso a pedir desculpas pelo que não gosta ou pelo que não lhe interessa. Isso faz com que tenha menos chances de se meter em relacionamentos desconfortáveis.

Então saboreie esta oportunidade que hoje você tem como uma continuação da sua história amorosa. Este livro vai ajudar a minimizar a sua ansiedade com encontros, aumentar a sua confiança, encontrar pessoas para namorar e, principalmente, encarar o namoro como uma aventura que enriquecerá a sua vida.

Este livro é dividido em quatro seções, que correspondem ao que você encontrará em sua jornada de namoros: "Seguindo em frente", para ajudá-lo a deixar o passado para trás e se preparar para namorar; "Encontrando pessoas", porque você precisa delas para namorar; "Abraçando a aventura", seu manual do namoro; e "Em caso de problemas", que o ajudará a passar pelas dificuldades e tomar decisões importantes. Então, comece a ouvir aquela música que faz seu coração bater mais forte, pense em tocar um novo alguém, dançar, sentir a química entre vocês. Um dia já tentamos mudar o mundo com o amor. Não é tarde demais para recuperar esse poder.

Capítulo 2

A voz dos antigos amores

Revolução não é algo fixado em ideologia, nem é algo comum a uma determinada época. É um processo perpétuo implantado na alma.
— *Abbie Hoffman, ativista político*

Embora você esteja livre para se relacionar com alguém, talvez não se *sinta* livre se o ex insiste em ficar ligando para dizer o quão horrível é a vida, se seus pais ainda perguntam o que foi que deu errado ou se você ainda está sofrendo pela morte de seu companheiro. Mesmo quando essas amarras ficam mais frouxas, algumas "vozes" insistem em permanecer. E podem ser as mais difíceis de se lidar, porque se alojaram em nossa mente.

Minha mãe me falou...

Por que todas as vezes que nos sentimos livres as vozes de nossos pais aparecem? Não é coincidência. Mesmo que você não admita, sua vida está passando por uma revolução, e sabemos que revoluções agitam um pouco as coisas — agitam principalmente os nossos pais (inclusive os que internalizamos!). Toda vez que assumo um novo desafio, a voz da minha mãe ecoa suavemente na minha cabeça: "Você está cansada." Por mais bem-intencionadas que tenham sido aquelas palavras, eu as entendia como uma mensagem de que eu não poderia lidar com desafios — eu estava cansada demais. Todos nós temos vozes que entraram em nossas cabeças quando éramos pequenos e que ainda ameaçam limitar as nossas capacidades.

Nós internalizamos essas vozes quando aprendemos a conquistar o amor de nossos pais. Seja positivo ou negativo, memorizamos as falas deles: "Você é egoísta", "Você é tão bonita", "Você é igual ao seu pai". Essas vozes se tornam um guia interno de como ser amado ou não em um relacionamento.

Mas parece que avançamos um bocado desde então. Fazemos parte da geração que desafiou tudo — a voz de nossos pais não nos intimidava, e desde aquela época vivemos por nossa própria conta. Assim, podemos nos sentir tolos quando vozes do passado nos assombram e nos fazem sentir inseguros de novo. E é natural que, quando perdemos nosso chão e precisamos nos agarrar a algo, essas vozes tendam a preencher o vazio. Digamos que você tenha internalizado a voz que disse "você é egoísta". Quando entra em um novo relacionamento, aquela voz pode alertá-lo para ter cuidado ao expressar os seus desejos. Afinal, o seu "egoísmo" lhe custou alguns pontos com os pais, e você não quer perdê-los também no namoro. Vamos ter uma conversa com essa voz, e ouvir o que os medos que dão força a ela têm a dizer.

Medo de não ser atraente. Imagine que você queira dizer ao seu namorado que hoje preferiria ir a um *sushi bar*, e não ao botequim preferido dele. A voz se intromete e diz: "Você é egoísta." Aí você começa a pensar que o namorado vai perder o interesse se você demonstrar seus gostos pessoais. Você está inconscientemente registrando: "Melhor concordar e ser flexível, porque é assim que os meus pais gostavam de mim." O problema é que seu namorado não é um de seus pais, com sorte não tem qualquer parentesco com eles e talvez sequer os conheça. Seu namorado pode até estar sugerindo bolinhos de bacalhau porque a voz dentro dele sugere algo simples. (Às vezes é bom saber que você não é o único a ouvir vozes!) Pode ser que o seu namorado ache a sua sugestão algo libertadora e fique feliz com a sua iniciativa. Afinal, temos mais chances de ser atraentes quando somos verdadeiros, quando permitimos que o que há de especial em nós seja visto.

Medo do desconhecido. Digamos que seu namorado não fique impressionado com a sua sugestão e até responda: "Argh, odeio sushi." O fato é que ele poderia reagir de diversas maneiras. *Você não tem como adivinhar.* Uma vez que você abandona o "você é egoísta", estará se aventurando em território desconhecido. Você troca a certeza da voz interior pela aventura de descobrir a resposta do seu namorado. Vozes do passado ajudam a organizar o nosso mundo: "Se eu agir assim, serei amado." Mesmo que as vozes sejam negativas, elas são previsíveis, e isso pode ser reconfortante. Permitir o desconhecido abre um mundo de possibilidades, e, por mais assustador que possa parecer, é o único modo de descobrir a verdade.

Medo de perder apoio. Então você escolhe sushi e tudo vai bem. O problema é que se sente meio excêntrico e até mesmo sozinho. Por "sozinho", quero dizer que você seguiu sem a ajuda da voz. (A voz que diz "você é egoísta" teria aprovado se tivesse guardado a sua sugestão de sushi para si mesmo.) Agora você está sozinho e é responsável pelas suas ações. É bem parecido com sair de casa. Porém, esta separação é a única forma de encontrar o verdadeiro apoio. Aquele que vem quando somos vistos, conhecidos e apoiados pelo que *somos*. Como você deve ter descoberto, mesmo os pais acabam nos dando esse apoio mais cedo ou mais tarde. E os pais de verdade são geralmente melhores do que os de nossas cabeças.

Dor de cotovelo

Responda rápido — quantos de vocês usaram a "dor de cotovelo" como tema para uma poesia? O lado sofrido do amor virava uma dança de música lenta e se encaixava perfeitamente com a nossa ansiedade juvenil. Mas onde você está hoje, o amor pode ter se tornado não apenas sofrido, mas algo que fere a imagem que faz de si mesmo.

Mesmo que seus pais não estejam mais na sua cabeça, e quanto àquela pessoa que passou boa parte de sua vida adulta com você? Antigos romances também tendem a permanecer em nossas mentes. Mesmo que você seja divorciado, talvez perceba que aqueles assuntos mal-resolvidos continuam na sua cabeça. Se você sofreu uma perda indesejada, talvez se apegue àqueles últimos momentos e lembranças, raiva ou culpa. Vamos discutir algumas "vozes" típicas que podem nos deixar travados:

- **"Você é egoísta" etc.** Soa familiar? Sim, muitas vezes as opiniões de nossos amantes tendem a ecoar as mesmas críticas dos nossos pais (o que é outra cilada que armamos para mantê-los por perto).

- **"Você me destruiu."** Esse tipo de mensagem é uma forma de chantagem emocional: "Se você não ficar, eu vou desmoronar." Seu parceiro pode ter sido depressivo ou alcoólatra, e você passou a acreditar que somente por sua causa é que ele ainda se mantinha de pé. Mesmo depois de se libertar de tal relacionamento, essas idéias culposas podem perdurar.

- **"Eu não te amo mais."** O fim do amor desperta um grande medo e pode nos fazer sentir abandonados e desamparados. O que é particularmente difícil nisso é que você pode não ter idéia do porquê. Você fica desesperado para recuperar a sensação de ser amado, de fazer a perda ter sentido, de recobrar algum controle sobre o seu mundo.

- **"Existe outra pessoa."** O eco dessas palavras pode permanecer e até mesmo se tornar uma obsessão. Você pode tentar conquistar o domínio da situação ao se comparar com a outra pessoa, procurando detalhes e repassando mentalmente cenas deles juntos. Se essa voz for generalizada, você vai achar que está sendo traído em todos os seus relacionamentos.

> ### O som do silêncio
> Quando um companheiro morre, namorar novamente se torna bem complicado. A culpa é enorme e vem de formas diferentes. Se as coisas não estavam indo bem no relacionamento ou se doenças crônicas precederam a morte, sentimentos secretos de alívio podem levar à culpa. Se era um bom relacionamento, pode ser difícil imaginar amar outra pessoa. E podemos ter medo de amar novamente e correr o risco de outra perda.
> O entusiasmo do namoro pode ser ofuscado por sentimentos de grande tristeza. Vozes antigas talvez interrompam o silêncio para nos lembrar o quanto deveríamos estar sofrendo, como deveríamos estar nos sentindo. Você precisa encontrar lugares seguros para entender a sua situação e qualquer sentimento que venha com ela. O conselho mais sábio que me deram sobre o processo de tristeza é que "dura o tempo que tem que durar". Dê o tempo necessário, e você – apenas você – saberá quando está pronto para seguir em frente.

Falando do passado

Vozes do passado têm poder sobre nós quando nos mantêm presos. Se nossa resposta é ficarmos travados numa luta interna, não importa se vencemos ou perdemos a batalha. A voz está ganhando. Estamos preocupados com algo velho, o que nos impede de viver o presente. Podemos lidar com as vozes do passado de alguma forma, como indo a um terapeuta, conversando com um bom amigo ou escrevendo um diário. Mas em algum momento precisamos retirar o poder dessas vozes.

Voltemos ao "você é egoísta". Uma resposta previsível seria: "Não, eu não sou!", e possivelmente teria uma lista de razões pelas quais você não é egoísta. Agindo assim, você está na defensiva e se esforçando para convencer a voz — e a si mesmo — de que você não é de fato a pessoa que ela quer que você seja. Alto lá! A sua briga na verdade se transformou num esforço para apaziguar a voz.

Mas e se você tivesse respondido: "Sim, eu sou egoísta. Gosto de ter o que eu quero. Ponto final", o que a voz teria a dizer? Se para você é difícil responder desse jeito, provavelmente está em conflito com o seu lado que tem interesses próprios ou que é mesmo egoísta. Tente aceitar esse lado.

Mas vamos deixar isso mais difícil. E se a mensagem fosse: "Você nunca terá sucesso." Você não vai querer responder "você está certa, eu nunca terei sucesso", ou vai? Talvez você possa responder "você está certa, eu nunca terei o sucesso que você quer". Ou melhor: "Você não acredita que eu vá ter sucesso." As duas respostas separam você da voz e permitem que tenha a sua própria opinião.

Mesmo a incômoda frase "eu não te amo mais" é mais bem respondida com "você não me ama mais" do que com a correspondente "eu não sou amado". A necessidade de colocar em nós mesmos o foco do problema é uma forma de tentar controlar o amor do outro. A lógica é mais ou menos a seguinte: "Se eu disser que não sou amado, pelo menos o abandono faz sentido, e eu posso me corrigir e ser amado novamente."

Isso não nega a importância de enxergar a nossa responsabilidade nos relacionamentos que não deram certo. Na verdade, calar as vozes do passado nos ajuda a ver a situação de uma maneira mais sensata. E se desapegar dessas vozes significa se desfazer de uma falsa impressão de que está tudo sob controle. Significa se aventurar pelo mundo sem saber como as coisas vão ficar. E também que podemos nos abrir a possibilidades além dos limites da nossa imaginação.

Capítulo 3

Desapegar-se é algo difícil de se fazer

> *Lindo. Lindo. Magnífica desolação.*
> — *"Buzz" Aldrin, astronauta, ao caminhar na Lua pela primeira vez*
> *20 de julho de 1969*

"Estou tirando da minha cabeça algumas vozes do passado, respirando ar fresco, me sentindo pronto. É, até parece. Por que ainda estou preso dentro de casa? Por que acabei dormindo com meu ex? Por que não me livrei das fotos antigas?"

Quando estiver se fazendo perguntas assim, pegue leve consigo mesmo. Desapegar-se, um dos atos físicos mais simples (já pensou ficar pendurado em uma barra fixa?), pode ser um de nossos maiores desafios emocionais. Vamos ver o que pode estar a caminho.

A armadilha confortável

Lembra quando você conseguia ficar horas e horas em uma fila para comprar os ingressos do Rock in Rio e, depois disso, mal poder esperar para ser espremido no show? Percebi que estava ficando velha quando fui a um bar popular e fiquei indignada por não haver lugar para sentar. Vamos encarar: nós nos acostumamos ao conforto, e não é diferente com os relacionamentos.

Dando certo ou não, nos acostumamos aos nossos relacionamentos. As brigas são familiares; as falas, bem ensaiadas. Sabemos em que lado da cama dormir. Também tendemos a ficar confortáveis com os sentimentos que os relacionamentos geram, mesmo os negativos. Se você estava sempre zangado em seu último relacionamento, esse sentimento vai ser difícil de abandonar. Se você se sentia como vítima, talvez se agarre a esse papel.

Quando entramos no desconhecido, é natural querer recuar algumas vezes. É por isso que as mudanças freqüentemente acontecem em modelos de "dois passos para frente, um para trás". Algumas vezes, o passo para trás nos lembra de como aquilo foi ruim e nos ajuda a dar um passo maior para frente. Algumas vezes nos apegamos às vozes do passado, velhos papéis, brigas antigas. Essas velharias nos deixam ansiosos e nos aconselham a evitar o desconhecido.

Desapegar-se é um ato de fé. Envolve se entregar ao desconhecido, mas também confiar em si mesmo para lidar com o que der e vier.

Desapegar-se significa enfrentar um estado temporário de vazio. Alguns vão saber aproveitar esse vazio, a libertação dos fardos do passado, a leveza repentina, o ar fresco. Para muitos, isso parecerá assustador, como estar sozinho na selva com o mundo antigo perdido lá atrás e o novo ainda distante. Porém, o vazio por si só pode ser revigorante. Quando desafiaram nossos valores ocidentais nos anos 1970, os místicos orientais nos ensinaram a ver essa lacuna como um "vazio fértil", onde novas inspirações poderiam ser descobertas. Nossa geração incorporou muitas práticas para alimentar o vazio, por exemplo a meditação. Talvez esteja na hora de aceitar o vazio.

Este sentimento irritante chamado tristeza

Ficar amarrado ao passado não apenas nos mantém em território conhecido, mas também nos ajuda a evitar a tristeza. A tristeza de que estou falando não é só aquela que chega com o fim de um relacionamento. Sobretudo no caso do divórcio, esse sentimento pode aparecer por se ter desperdiçado tanto tempo em um casamento ruim, pelos anos que não podemos recuperar e por tudo que aturamos. Enquanto ainda estamos envolvidos, mantemos a ilusão de que poderemos melhorar as coisas — tirando algo positivo de um momento ruim. Quando nos desapegamos, estamos desistindo, reconhecendo a perda e sentindo a tristeza.

Um outro tipo de tristeza é a perda da nossa visão infantil sobre o casamento. A televisão mostra novelas, filmes e séries que nos alimentam com imagens de felicidade, casamentos eternos e famílias em que existe companheirismo. Mesmo que nos divertíssemos mais com filmes de terror, de alguma forma as novelas açucaradas e comédias românticas conseguem deixar a sua marca. Imagens internalizadas de relacionamentos duradouros podem nos deixar com um sentimento de derrota quando nossas histórias têm um final diferente.

"A vida não imita a arte, ela imita um programa ruim de televisão."
— Woody Allen

Mudanças de estado civil também podem causar a perda de identidade. Talvez você se veja mais como alguém casado do que solteiro. Se você é uma mulher saindo de um casamento, pode ser confrontada com escolhas sobre o seu sobrenome e a possibilidade de que, se alterá-lo, ele será diferente do sobrenome de seus filhos. Se deixou um relacionamento heterossexual para assumir um relacionamento homossexual, a mudança de identidade é até maior. Cercado por pessoas que acreditam que você é hétero, enfrentará os vários desafios para se acostumar com a sua própria identidade, educar os outros sobre quem você é e achar seu lugar no mundo — um mundo onde ainda existem a chacota, o distanciamento e a discriminação.

Normalmente, quando um relacionamento acaba, você não perde apenas o seu companheiro. Talvez se sinta excluído do grupo de pessoas que eram parte de seu círculo, como parentes e amigos do seu ex.

Teimar é ignorar a tristeza. Ir em frente é reconhecê-la. Não podemos mudar sem o sentimento da perda. Então não abandone a terapia ou o grupo de apoio logo após ter aberto o caminho para a mudança. Não se sinta mal em convidar os amigos após as coisas começarem a se ajeitar. Lembro de ter ido para a terapia depois de fazer essas mudanças de que eu vinha falando. Eu estava mal. Minha terapeuta perguntou como eu estava, e eu disse, com desânimo: "Estou conseguindo tudo que eu quero!" Ela me ajudou a entender que eu realmente havia seguido em frente, porque eu estava triste. Então, lembre-se: quando perceber esse sentimento incômodo chamado tristeza, é uma dica de que você está lá, arriscando a mudança e seguindo em frente. Junte muito apoio e se dê crédito pela sua coragem.

Voltando a ser um iniciante

Namorar de novo significa se permitir ser um novato, começar do zero. Isso pode ser difícil, principalmente se nos convencemos de que o objetivo de se chegar à fase adulta era nos estabelecermos em um casamento feliz, ter 2,5 filhos (como assim?!) e dois carros na garagem.

Voltar a namorar pode soar como voltar à escola. Nos sentimos enferrujados e fora do alcance das outras pessoas. Porém, existem algumas boas razões para nos tornarmos novatos a esta altura do campeonato. Uma delas é que as mudanças nos tornam jovens. No início dos anos 1960, cientistas demonstraram que ratos expostos a novas tarefas desenvolveram mais massa cerebral e saíram-se melhor nos testes do que os ratos que estavam inativos. Agora estão pesquisando o mesmo em humanos. Aposto que você nunca pensou que namorar de novo pudesse na verdade ajudar seu cérebro a se desenvolver!

Tornar-se um novato também abre novas portas. Namorar de novo é um desafio a nos mantermos antenados a novas tendências, encontrar lugares interessantes para conhecer pessoas, descobrir novas opções de diversão. Você pode até se tornar um gênio da computação enquanto descobre o namoro virtual. E, acima de tudo, descobrirá pessoas e se abrirá para a riqueza de futuros relacionamentos.

O lado ruim de tudo isso é — bem, é ser um novato. Você pode se sentir desconfortável e deslocado no início. Não desanime: o seu desconforto é a prova de que você está se aventurando por novos territórios, exercitando aquelas suas células do cérebro. Se isso não parece divertido *agora*, não significa que não *será* divertido. Assim como precisamos ouvir uma música algumas vezes para pegar o ritmo, sair com algumas pessoas ajuda a nos acostumarmos à situação. Enquanto isso, aqui vão algumas dicas para termos sucesso como iniciantes:

1. Leia o restante deste livro. Você terá uma idéia do que está prestes a encontrar, então nem tudo parecerá tão novo.

2. Lembre-se do que você sabe. Você provavelmente já namorou antes, mesmo que há muito tempo. Sabe se relacionar com as pessoas melhor do que quando tinha dezesseis anos. Provavelmente ganhou certa experiência sexual. E está mais confortável no mundo.

3. Encontre outros novatos. Mantenha contato com pessoas na mesma situação e compartilhe dicas, apoio e histórias. Se não conseguir encontrar um grupo, comece um!

4. Aprecie o que você está aprendendo. Perceba como seu mundo está ficando maior.

5. Permita-se cometer erros. Erros são atalhos para o aprendizado e, se forem erros realmente estúpidos, geram boas histórias para contar para os amigos.

6. Aproveite a aventura! Exploradores são sempre novatos.

Capítulo 4

Decidindo por você mesmo

"Decidi recomeçar — apagar o que me ensinaram, aceitar como verdadeiro o meu próprio pensamento. Foi uma das melhores experiências da minha vida. Não havia ninguém por perto para ver o que eu estava fazendo, ninguém interessado, ninguém para dizer nada de um jeito ou de outro."
— *Georgia O'Keeffe, artista plástica*

Quando você consegue namorar de novo, está embarcando numa nova fase da vida. O animador é que pode decidir como quer que isso ocorra! Pode escrever o título e se lançar como o personagem que quiser. Você pode até decidir o elenco de apoio.

Redescobrindo-se

Aqui está você, sozinho (por enquanto). Aproveite esse tempo como um presente, porque você pode estar em um novo relacionamento quando menos esperar! Aqui está a sua oportunidade de refletir, de pensar no que você quer que aconteça e em quem quer ser.

Você sempre foi a estrela no teatro da sua vida, mas talvez nem sempre tenha se sentido como o diretor.

Quando éramos pequenos, nossos pais prestavam mais atenção em alguns atributos nossos do que em outros. Cada um de nós começou a interpretar um papel. Talvez você fosse o fofinho, ou o engraçado, ou o inteligente. Seus irmãos podem ter reforçado o seu papel, e você até recebeu apoio por manter o papel estabelecido. Vamos supor que seu papel fosse o de alguém que cuida dos outros. Isso envolveria dar às pessoas aquilo de que elas precisavam, oferecer a sua preocupação e cuidado físico e agir como adulto, mesmo antes do tempo.

Ao crescer, você se tornou mais eficiente em seu papel e encontrou atores coadjuvantes que precisavam de você e que lhe permitiam interpretá-lo. Talvez você tenha até feito carreira em profissões assistenciais. (Ops, isso soa familiar!) Em cada fase da sua vida, outras pessoas — seu chefe, seu parceiro — contribuíram para o direcionamento do seu papel, e o seu salário e a sua identidade podem tê-lo aprisionado num papel indesejado. Papéis assim têm o poder de nos fazer acreditar que os outros estão "bem", mas nós não.

O lado positivo de se trabalhar num único papel é que ficamos bons nisso. Podemos ganhar uma boa dose de auto-estima por sermos prestativos, engraçados, inteligentes e daí em diante. E o seu papel diz, sim, um pouco sobre quem você é. O problema é que ele é limitador, e talvez não represente quem você sente que é de verdade. Lembre que os papéis foram atribuídos *no começo*.

Quando uma oportunidade que não se enquadra no seu papel aparece, você nem dá muito crédito. Por exemplo, se o seu papel diz que você é feio, talvez você não perceba aquela pessoa que está flertando com você, mesmo que ela esteja quase se jogando no seu colo.

Tenha você escolhido ou não ficar sozinho a esta altura da sua vida, a realidade do seu status de solteiro provavelmente já alterou o seu script. Use essa situação como uma oportunidade de assumir a direção da sua própria história. Leva tempo até percebermos que, na verdade, somos nós que decidimos quem queremos ser. Me lembro do dia em que eu percebi que não precisava mais dar atendimento como psicóloga. Poderia escolher algo completamente diferente. Só dependia de mim. Uau.

Então, abra a sua mente. Como gostaria que fosse a sua vida? Onde quer morar? Como quer passar o seu tempo? Não há limites para as fantasias, então ouse o quanto quiser. Pense no que você mais aprecia, assim como no que gostaria de eliminar. Se ainda não fez isso, esta pode ser uma boa chance para limpar os seus armários e decidir o que jogar fora. Fazer isso lhe dará uma forma concreta de decidir o que você valoriza e o que não cabe mais. Incorpore essa atitude de escolha em sua vida. Reavalie tudo: "Eu gosto disso? Por que ainda tenho isso aqui? Isso ainda funciona? E se eu experimentasse isso?" Não se preocupe com praticidades por agora, apenas identifique o que você gosta e o que não gosta e liberte-se para considerar novas realidades. Você é o diretor. Você decide.

Vamos brincar com alguns papéis diferentes para o seu personagem no próximo capítulo da sua história:
• Desta vez, vou curtir a vida. Pego uma jaqueta de couro e me aventuro na aviação. Depois de um dia difícil lidando com céus nebulosos, eu paro em um bar e tomo uma dose de tequila. As mulheres estão dando em cima de mim, eu escolho quem levar para casa.
• Encontro a serenidade. Vou morar numa casa menor e mais simples, planto um pequeno jardim, sento do lado de fora com o meu caderno, respiro o ar fresco e uso a minha liberdade para me expressar. Faço amizade com outras pessoas parecidas comigo e trocamos livros e músicas num bar perto dali.
• Vou à luta. Depois de conter minha ambição, decido correr alguns riscos. Invisto em um negócio que por anos tive em mente. Em vez de apenas pensar, eu ajo. Consigo as informações de que preciso, contrato um advogado para ajeitar as coisas. Num piscar de olhos, estou no telefone com contatos de Nova York e Paris. Estou tomando decisões Importantes. Estou fazendo as coisas acontecerem.

Alguma dessas opções faz brilhar algo em você? Escreva seu próprio cenário e faça dele o mais ousado e emocionante que puder. É o seu script — divirta-se com ele.

Tempo livre ou tempo para namorar?

A idéia de "tirar um tempo para si" tem se tornado tão comum que nem pensamos mais nela. Porém, a decisão de tirar um tempo antes de começar a namorar é complicada. Por exemplo, muito embora você tenha sido casado ou tenha tido um relacionamento firme durante alguns anos, deve ter se sentido muitas vezes sozinho e desconectado de seu parceiro. Pode sentir que já teve tempo demais para si mesmo. Para você, tirar um tempo pode parecer uma punição, e não um prêmio. Por outro lado, se a sua vida e a sua identidade estiveram muito atreladas ao seu relacionamento, você pode precisar de um tempo para colocar tudo no lugar e descobrir quem realmente é. Aqui estão algumas questões para fazer a si mesmo enquanto decide quanto tempo precisa:

1. Você *quer* namorar? Essa é a pergunta chave. Algumas vezes a necessidade imediata de namorar vem do medo. Podemos pensar que não vamos encontrar ninguém, ter medo de ficarmos sozinhos ou de termos que enfrentar o que estamos sentindo. O medo exerce pressão sobre nós e nos força a fazer as escolhas erradas. O medo também não é muito atraente. Por outro lado, se a sua opção por namorar vem do *desejo*, você parecerá e se sentirá pronto. Você ainda pode estar um pouco nervoso, mas namorar é namorar, e não evitar algo.

2. O quanto eu sei sobre o que me fez chegar até aqui? Das poucas coisas que me lembro do segundo grau, nunca vou esquecer as palavras do filósofo George Santayana: "Aqueles que não lembram do passado estão condenados a repeti-lo." Essa declaração se aplica tanto a relacionamentos quanto à guerra. (Algumas vezes os dois não estão tão longe assim um do outro!) Você pode ter uma boa idéia de por que escolheu quem escolheu e o que aconteceu na relação. Talvez tenha passado por um analista ou uma terapia de casal. De fato, o término de seu relacionamento pode ser o resultado das suas percepções e das mudanças que fez. Se for o caso, está menos propenso a repetir a história em seu novo relacionamento. Por outro lado, se você sabe que não deu certo mas não sabe por quê, dê a si mesmo algum tempo. Fale com um terapeuta, tenha algum retorno de um grupo de apoio ou de amigos que observaram o seu relacionamento. É fácil enxergar o papel do seu parceiro, mas é crucial entender seus próprios passos nesse tango.

3. Eu me conheço? Você não precisa conhecer a história toda, mas ajuda saber o que quer e o que não quer (ver "Redescobrindo-se"). Se a sua própria identidade se originou do seu relacionamento, você pode se sentir distante do que quer e de quem realmente é. Se você volta logo a namorar, talvez desista novamente da sua identidade (ver pergunta 2).

Chegando ao "eu me namoraria!"

A coisa mais incrível de se estar em sintonia com a sua própria história é começar a ficar maravilhado consigo mesmo. Lembro de ter escrito uma autobiografia como parte do meu processo terapêutico. Antes de escrevê-la, pensava que minha vida (e eu) fosse chata, até mesmo deprimente. Quando a terminei, eu me senti de pernas para o ar de tão apaixonada que estava por mim mesma! Achei o fio do verdadeiro eu que costurava a minha vida, e vi o quanto eu estava evoluindo e o quão longe eu iria, e que não queria ser ninguém além de mim mesma. Esta é a sua chance para entrar em sintonia com a sua vida. Enquanto você explora os seus desejos para a próxima etapa, reconhecerá sinais daqueles que já estavam ali por um bom tempo.

Se há ao menos uma coisa que você deve fazer como preparação para namorar de novo é aprender a se amar. Isso não significa se ver como alguém perfeito. Amar a si mesmo significa amar o seu jeito único, incluindo — e talvez principalmente — as suas peculiaridades e os seus pontos fracos. Quando você se aceita e se ama, o mundo é levado a amar também.

Capítulo 5

Medo de namorar

A vida é o que acontece enquanto você está ocupado fazendo outros planos.
— *John Lennon*

À medida que ficamos próximos da realidade de voltar a namorar, estamos predispostos a esbarrar em certos medos, que freqüentemente aparecem na forma de perguntas como "e se?". E se eu não encontrar ninguém? E se eu encontrar alguém? E se eu for rejeitado? O Capítulo 8 fala das preocupações sobre não haver ninguém bom disponível, e a Parte 2 é dedicada a ajudar você a encontrar novas pessoas. Vejamos outros medos comuns sobre o namoro:

Medo de namorar, antes e agora

Antes	Agora
Os pais perguntam onde você esteve	As crianças perguntam onde você esteve
O cabelo está feio	Algum cabelo?
Os seios não são grandes o suficiente	Seios um pouco caídos
Dinheiro suficiente para um encontro	A pessoa do encontro quer o seu dinheiro
Espinhas	Rugas
Conhecer os pais dele/dela	Conhecer os filhos dele/dela
Vergonha de a família não ter dinheiro	Vergonha das dívidas do cartão de crédito
Gravidez	Chega de filhos

Eu vou sofrer de novo

Se você recentemente foi traído ou maltratado, talvez tenha medo de se magoar de novo. É natural ser cauteloso e autoprotetor. O problema é que viver nesse medo pode, na verdade, colocá-lo numa situação de risco. Por exemplo, você pode evitar se prender a um relacionamento. A lógica aqui é: "Eu posso acabar ficando sozinho de novo, então fico sozinho de uma vez." Você cria o resultado que teme — pula etapas e vai direto ao fim. Ou então namora, mas fica constantemente à procura de sinais de rejeição ou traição. Se vê a sua companhia conversando com alguém, logo imagina traição; seu companheiro faz planos para o fim de semana e você se sente rejeitado. Mais uma vez, criou na sua cabeça a situação que teme. Então como lidar com esse medo sem sabotar sua vida afetiva?

Olhe para o que você não perdeu. Se um relacionamento doloroso se tornou o seu centro, você pode se esquecer das pessoas que se mantiveram verdadeiras, o trataram bem e ainda o amam incondicionalmente. Reveja a sua vida e você pode se surpreender com o número de pessoas com quem pode contar. Você também pode estar desprezando os seus amigos, a sua família e outras pessoas que estejam ao seu lado. Essas são as pessoas a serem observadas como exemplos do que esperar em novos relacionamentos. Cerque-se delas e deixe que lembrem a você o que é importante na vida. Você pode até se motivar a encontrar os seus amigos de infância. Em época de mudanças, não há nada mais revigorante do que velhos amigos.

Reconheça a possibilidade de sofrer. Você tira o poder do seu medo quando diz: "Sim, eu posso me machucar de novo." Sei que não quer estar nessa situação, mas digamos que isso aconteça. Do que tem medo? O que talvez realmente o esteja amedrontando é não *tolerar* se machucar de novo, achar que outra ferida poderia acabar com você. Por baixo de todo medo está a sua habilidade de lidar com as coisas. A boa notícia é que, quando você encontra o seu pior medo — vamos dizer que você pegou o seu parceiro na cama com outra pessoa —, é muito fortalecedor descobrir que pode não apenas sobreviver, mas brilhar depois disso.

Voz da experiência

Antes: "O medo de rejeição era grande para mim no segundo grau. Eu me lembro de várias garotas bonitas sentando no meu colo numa sala de estudos (uma das quais era particularmente atraente e se posicionava de um jeito que me deixava completamente indefeso e confuso) e das mesmas meninas bloquearem a minha passagem no corredor. Ainda assim, quando eu achava que haveria uma chance de saírem comigo, a possibilidade de não aceitarem era uma barreira maior. Chamá-las para sair era algo tenebroso para mim, e me lembro do meu coração pulando como se eu estivesse prestes a lutar com um urso."

Depois: "Eu estava muito mais seguro da segunda vez. Eu me aproximei da Joana muito rápido. Eu a chamei para sair logo depois que ela começou a trabalhar aqui. Até desabafei com ela, no primeiro encontro, os problemas com a minha ex-mulher. Imaginei que, se ela ainda estivesse interessada depois disso, havia potencial. Após nosso primeiro encontro, descobri que um conhecido meu estava dando em cima dela. Era um cara do tipo atlético e que agia como se fosse um presente de Deus para as mulheres. Ele se gabava de nunca ter encontrado alguém que pudesse derrotá-lo em um jogo de tênis. Quis o destino que eu o derrotasse (note a minha humildade aqui). Depois perguntei a ela sobre o meu concorrente. Ela me garantiu que eu não tinha nenhum."

Viva no presente. O medo é baseado no passado e orientado para o futuro. Tem pouco a ver com o agora. Viver com medo pode nos impedir de ver o que está acontecendo. A solução é reconhecer a falta de controle que temos sobre o futuro e prestar atenção no momento atual. Se você não está satisfeito com o que está acontecendo num relacionamento, converse sobre o assunto, mude. Se estiver bom, curta! Já que nada é garantido, tudo o que temos é o agora. E a boa notícia é: quanto melhor você lida com o agora, mais chances você tem de assegurar um futuro feliz.

Vou me sentir deslocado

Talvez a simples idéia de se relacionar com alguém lhe dê calafrios. Todos sabemos como é se sentir deslocado. É assustador. Você pode estar se perguntando: "E se eu não tiver ninguém para conversar? E se eu parecer estúpido? E se eu estiver com a roupa errada?" O Capítulo 9 vai ajudá-lo a se preparar, mas existem outras coisas que deve ter em mente:

• Você não está sozinho. Segundo o censo feito pelo IBGE no ano 2000, 46,7% de homens e mulheres estavam solteiros (incluindo o divórcio e a viuvez). E isso só no Brasil.

• Lembre que existem milhões como você por aí, e eles podem estar se sentindo deslocados também. Talvez você possa até pensar no mundo como a "sua casa". Quer dizer, os casados provavelmente estão em casa, e os jovens estão vivendo em seus próprios mundos. E quando se tem mais idade, sempre existe o conforto dos números.

• Comece por onde você se sentir confortável. Se não fica à vontade em bares, não vá até eles. Como verá na Parte 2, existem muitos lugares para se encontrar pessoas. Os melhores são aqueles aonde você gosta de ir.

• Transforme o seu medo em euforia. Quando comecei a falar em público na faculdade, aprendi que a minha ansiedade poderia ser uma vantagem. Fazia a minha adrenalina circular e, quando eu pensava nisso como sendo euforia, me dava a energia necessária para uma fala dinâmica. Você também aprende na aula de oratória que as pessoas não notam tanto a sua ansiedade quanto você pensa. E, para a maioria, namorar não dá tanto medo quanto falar na frente de uma platéia. Então tente pensar no medo como uma euforia. Deixe isso moldar os seus sentidos e avivar as suas atitudes. Você pode se surpreender com o resultado.

Eu vou pegar uma doença

Quando você namorava na adolescência, suas preocupações com doenças não deveriam ir além da possibilidade de pegar um resfriado. Atualmente, como você está sufocado por avisos sobre a AIDS e outras doenças sexualmente transmissíveis (DSTs), namorar pode parecer tão arriscado quanto nadar na Baía de Guanabara. Se esteve numa relação monogâmica por toda a sua vida adulta, tais preocupações podem parecer estranhas e impossíveis de administrar. Aqui estão algumas dicas para suavizar os seus receios:

- Tenha informações precisas. Existem muitos mitos por aí sobre DSTs, principalmente sobre a AIDS. Continuamos a aprender mais, e a comunidade médica está trabalhando duro no desenvolvimento de vacinas e tratamentos. Converse com o seu médico sobre os riscos reais e o que você pode fazer para se prevenir. Se não é adepto da abstinência, normalmente o seu conselho será resumido em uma palavra: camisinha.

- Converse primeiro. Falar sobre isso pode ser um dos seus medos. As DSTs são preocupações com que todos temos alguma familiaridade, e espera-se que o seu par tenha perguntas e respostas sobre isso. Uma boa regra é: se você não está pronto para conversar, pode não estar se sentindo confortável com o seu parceiro ainda. Dê tempo a si mesmo para ter certeza de que sexo será realmente bom para os dois.

- Tenha camisinhas. Seja você homem ou mulher, não saia de casa sem elas. Não existe nada mais frustrante do que estar no ápice do namoro e descobrir que está desprotegido. Na verdade, existe: continuar assim mesmo e depois descobrir que pegou uma DST.

- Mantenha o seu senso de humor. Doença é um assunto sério. Reconhecer o seu próprio desconforto pode ajudar a aliviar a ansiedade. Façam piadas sobre o desafio de serem sedutores enquanto investigam sobre a saúde um do outro. Quanto mais realistas vocês forem, mais relaxados ficarão.

Vou me apaixonar

Esse pode parecer um subtítulo estranho num capítulo sobre medos. Porém, apaixonar-se pode ser assustador. Você pode ter medo de perder o controle, de ficar vulnerável e de correr o risco de ter o coração partido.

Além dessas preocupações, porém, existe o medo de ter o que você quer. Se isso parece estranho, passe algum tempo imaginando ter o amor que sempre desejou. Para muitos de nós, ter o que se quer significa espantar aquele ressentimento, desistir da raiva, abrir mão do poder de ser uma vítima. Não é de admirar que evitemos o sucesso! Se no passado aprendemos a usar o poder que vem do sofrimento, um bom relacionamento pode parecer uma ameaça.

Se um relacionamento amoroso é uma ameaça ao sofrimento, arrisque! Ouse ser feliz. Veja como é não ter nada sobre o que reclamar. Aceite a idéia revolucionária de que o amor não precisa ter um lado negativo.

> *"Quer que eu diga algo realmente subversivo? O amor é tudo o que tem que ser. Por isso as pessoas são tão céticas quanto a ele. Mas vale a pena brigar por ele, ficar bravo, arriscar tudo. E o problema é que, se você não arrisca nada, arrisca ainda mais."*
> — Erica Jong, escritora

Capítulo 6

E as crianças?

Sendo forçados a buscar o equilíbrio dentro de nós, podemos fazer com que os nossos dias instáveis e turbulentos sejam menos desastrosos e mais como uma dança alegre — a dança de uma vida animada, maravilhosa e perfeitamente desequilibrada.
— Martha Beck, escritora

Quando se tem filhos, namorar não é tão simples. Você pode se sentir como duas pessoas ao mesmo tempo: uma, solteira e interessada em namorar, a outra, uma espécie de protetor cuidando dos filhos. E esses dois lados podem muitas vezes estar em conflito.

Usando os filhos como desculpa

Quando você é pai e termina um relacionamento, sabe que não é o único que está passando por problemas. Sejam seus filhos jovens ou crescidos, o mundo deles se transforma. Então qual será a reação deles ao ver você namorando?

É importante fazer as coisas num ritmo que permita a nós e aos nossos filhos nos adaptar. No entanto, os filhos podem ser uma desculpa para evitar namoros. Às vezes é fácil ficarmos ocupados com a nossa responsabilidade pelos outros e esquecermos a nossa responsabilidade por nós mesmos.

Ironicamente, a proteção paterna se tornou uma prioridade para a nossa geração. Afinal de contas, sabemos como ninguém o tipo de encrenca em que os filhos podem se meter!

Fiquei impressionada quando uma amiga dividiu comigo o que disse aos filhos sobre o seu divórcio. Ela lhes disse: "Isso *não* é o melhor para vocês. Estou fazendo isso porque é o melhor para mim." À primeira vista, pode parecer uma declaração egoísta. E, no entanto, deu aos filhos a liberdade para terem a sua própria vida, independente da dela. Eles podiam ficar felizes ou tristes. Isso também libertou os filhos do fardo de se sentirem responsáveis pela felicidade da mãe. Ela estava cuidando de si. Finalmente, seu reconhecimento a deixou mais disponível para ajudá-los a expressar o que estavam vivenciando. Eles não tinham que sorrir e fingir que isso era o "melhor".

Quando as nossas tentativas de fazer o melhor para os nossos filhos vêm às custas da nossa própria felicidade, isso também machuca as crianças. Não há fardo maior para uma criança do que pensar que ela fora capaz de destruir Mamãe ou Papai. Se enquanto pai você fica deprimido e solitário, fica cada vez menos disponível para o seu filho. E, lembre-se, estamos mostrando aos nossos filhos o que eles podem esperar da vida. Quando assumimos a responsabilidade pela nossa própria felicidade, damos a eles permissão para fazer o mesmo.

Continuando a ser um pai

Quando um dos pais não está por perto, os filhos muitas vezes tentam preencher o vazio. Eles podem até se sentir bem assim. Eles se sentem importantes de um jeito novo: "Mamãe/Papai precisa ainda mais de mim agora." Eles podem até sentir um certo triunfo ao saber que são preferidos em relação ao outro pai ou à outra mãe, e podem competir para ser o melhor parceiro. Mesmo se isso é o que eles parecem querer, não é do que precisam.

E as crianças?

Namorar pode ser difícil para os filhos, mas na verdade mantém uma divisão entre relacionamentos adultos e relacionamentos entre pai e filho. As necessidades dos adultos são canalizadas para o namorar, e as crianças continuam desempenhando seu papel de crianças.

Mas quando você está namorando, talvez não se sinta como adulto, muito menos como pai. Passará mais tempo na frente do espelho, checando seu rosto e cabelo; no mundo dos sonhos, revivendo o seu último encontro; ao telefone, fazendo planos; e, é claro, fora de casa, em encontros. Parece a adolescência? Bem, prepare-se.

Permitir a nós mesmos a entrega à experiência de namorar e, ao mesmo tempo, ser adultos responsáveis é um traiçoeiro ato de equilíbrio. Às vezes, você vai se ressentir pelo fato de que ser pai restringe a sua liberdade. Às vezes, vai sentir o peso da culpa por ser uma porcaria de pai. Outras vezes, sentirá que não pode vencer. Talvez você se pergunte por que está fazendo isso. Aqui está o porquê: é o que um bom pai faz. Você não está se deixando de lado pelos seus filhos, e não está deixando seus filhos de lado por você. Você está respeitando o espaço de todos. Talvez a sua vida fique mais caótica com tantos espaços a preservar, mas também ficará muito mais rica.

Ajudando as crianças a se adaptarem

Fale com eles. Quando eu estava treinando para ser terapeuta, meus colegas e eu muitas vezes nos surpreendíamos com este conselho de nossos supervisores: "Pergunte ao paciente!" De certa forma, acreditávamos que deveríamos saber, como num passe de mágica, o que o paciente estava sentindo e do que ele precisava. A idéia de perguntar ao paciente sequer havia nos passado pela cabeça.

Como pais, muitas vezes cometemos o mesmo erro. Imaginamos o que os nossos filhos estão sentindo e do que eles precisam, tudo sem consultar a fonte. Pergunte aos seus filhos como eles se sentem em relação ao fato de você namorar. Lembre-se de que você não está pedindo *permissão*, só quer saber como é isso para eles.

Você deve ter notado que conversas formais, que começam com "sente-se aqui", não atraem muito os filhos, sobretudo os meninos. Crianças que resistem aos pedidos de conversa muitas vezes se abrem naturalmente quando envolvidas numa atividade em conjunto. Então, em vez de anunciar que quer "conversar", tente colorir com o seu filho ou sair para uma caminhada.

Mesmo que os seus filhos não conversem muito, você pode mantê-los informados sobre o que está acontecendo e as mudanças que podem esperar. O que pode compartilhar com os seus filhos naturalmente varia de acordo com as idades deles. Se os seus filhos moram com você, prever mudanças em suas vidas diárias vai ajudá-los a se sentirem mais seguros e menos ansiosos. Quanto mais tempo lhes der em relação aos seus planos, menos eles vão se sentir preteridos em relação ao seu namoro.

O ponto principal que distingue um pai de seu filho é que o pai é quem *cuida* do filho. Estar presente o bastante para saber onde os filhos estão e o que estão vivenciando lhes dá a sensação de que estamos sempre ao lado deles. Quanto mais os nossos filhos perceberem esse cuidado, menos terão que cuidar de nós, e mais livres ficarão para serem apenas crianças.

Como os seus filhos podem reagir ao seu namoro

Idade	Tarefa	Reação	Dicas
0–7	Confiança	"Estou sendo substituído."	Converse através de brincadeiras, recupere a confiança.
8–12	Competência	"Não sou bom o bastante."	Deixe clara a sua necessidade de amigos adultos e reforce o que seu filho faz de bom.
13–18	Identidade	"Isso é estranho."	Mantenha a estrutura. Não compare histórias de namoros!
Adulto	Adaptação	"Minha casa não é mais a mesma."	Preveja mudanças. Mantenha os almoços de domingo para passar a idéia de continuidade.

Deixe-os sentir. Isso nem sempre é fácil. Sentar ao lado do seu filho enquanto ele chora pode ser muito difícil. Ser o objeto da raiva dele não é nada divertido. No entanto, quanto mais conseguirmos tolerar a amplitude dos sentimentos de nossos filhos, mais fácil será para eles colocar os seus sentimentos para fora e seguir adiante. "Animá-los" prematuramente pode na verdade interferir na resolução dos sentimentos. Eu odeio cada minuto disso, mas quando tenho força para agüentar as crises emocionais dos meus próprios filhos, descubro que eles muitas vezes começam a se animar sozinhos. Depois da oportunidade de chorar por causa de tudo o que é ruim naquela situação, eles então estão livres para encará-la.

Existe uma diferença entre entender os sentimentos e ser manipulado por eles. Se você concorda em ficar em casa porque o seu filho está chorando, ou começa a permitir um comportamento abusivo de um adolescente raivoso, está pondo o seu filho no comando e abrindo mão da responsabilidade de pai. Temos medo de que os nossos filhos não consigam suportar se os sentimentos deles não vierem primeiro. Mas talvez seja exatamente o contrário. Sentimentos são mais ameaçadores quando têm o poder de destruir.

Crie tempo para os prazeres em conjunto. Se você ainda não fez isso, agora pode ser um momento excelente para agendar um passeio com o seu filho. Se tem mais de um, tente separar algumas horas para ficar sozinho com cada um deles. Todos nós desejamos ser amados sozinhos. Uma criança precisa sentir um amor especial do pai. E saber que não pode ser substituída por ninguém mais. Um tempo a sós longe de todas as distrações de casa será um presente para vocês dois. Quando estão sozinhos, um tipo diferente de intimidade se desenvolve, e isso ajuda muito a criar um relacionamento sólido e seguro diante da mudança.

Capítulo 7

"Eu odeio jogos de namoro"

> *Todo jogo... é basicamente desonesto.*
> — De Os jogos da vida, *best-seller*
> do médico Eric Berne

Ah, os jogos que costumávamos fazer. Nos tempos da escola, brincávamos de passar bilhetes: "Você gosta dela?" "Ele gosta de você." Amigos bancavam os pombos-correio, e os relacionamentos começavam sem a necessidade de falar.

Quando você começava a se sentir seguro o suficiente para falar com as pessoas de quem você "gostava", outros jogos estavam à disposição. O mais conhecido deles é o de bancar o difícil. A idéia por trás de bancar o difícil é disfarçar a sua atração com indiferença, se distanciar como uma forma de aumentar o desejo do outro. Afinal de contas, se você é difícil, deve ter mais valor. É a lei da oferta e da procura aplicada ao namoro.

Em seguida, temos o jogo do ciúme. Aqui, mais uma vez, a regra é disfarçar o seu desejo. Mas desta vez você direciona os seus carinhos para alguém por quem não está interessado. A esperança é que a pessoa pela qual você se interessa fique com ciúmes e o deseje mais.

Se você está bancando o difícil ou provocando ciúmes, será um alvo perfeito para o jogo de caça e conquista, que envolve ser seguido sem descanso até ceder, apenas para em seguida ser substituído por uma conquista mais desafiadora. O caçador dá duro para atingir a sua meta, mas nunca se permite desfrutar a recompensa completamente.

Um jogo delicado, mas familiar, que não termina no namoro, é a leitura de mentes. Aqui, você pensa num desejo, mas não o revela. Ao mesmo tempo, você espera que o seu par o realize, e pode ficar chateado se ele não o fizer. O que talvez seja mais capcioso na leitura de mentes é que você pode conscientemente trabalhar contra seus desejos, dizendo: "Não, eu não quero um presente de aniversário", e mais tarde ficar furioso pelo seu plano de ganhar um presente não ter sido realizado.

Percebeu a ironia aqui? Fora passar bilhetes, os jogos do namoro exigem que você aja exatamente ao contrário do que você está sentindo. Agora, multiplique essa decepção por dois (ou mais) — quem sabe seu par não esteja aplicando em você um jogo de ciúmes — e o mundo do namoro se torna uma casa dos espelhos. Não é de admirar que você esteja relutante em voltar a namorar.

A boa notícia sobre namorar quando se é adulto

Anime-se — você não é o único que odeia os jogos do namoro. Seus amigos devem estar de saco cheio também. Como eles, você aprendeu a ir direto ao ponto. Você sabe que a vida é muito curta, e que jogos levam tempo.

Porém, mesmo os membros mais evoluídos da nossa geração se deparam com situações em que jogos como esses parecem vir a calhar. Assim como você reavaliou outros hábitos, agora é uma boa oportunidade para decidir o que pode ser aproveitado desses jogos e o que deve ser descartado. Vamos dar uma olhada.

Passando bilhetes

Chamamos isso de jogo mais no sentido de uma prática divertida, e há muito a se dizer sobre o assunto. Ter informações prévias sobre o que alguém sente por você, e vice-versa, protege o ego. Incluo esse jogo aqui porque a comunicação ocorre de forma indireta e, se for usado em demasia, pode se tornar um substituto para a comunicação oral. (Eu me lembro de ter sido chamada para sair através da minha amiga!) Quando isso acontece, encarar a pessoa que você vai encontrar pode se tornar mais difícil e estranho.

Se passar bilhetes funcionou bem para você, uma agência de namoro pode oferecer vantagens similares. O serviço promove uma busca do tipo "quem gosta de quem", comparando os perfis, e você pode ter certeza de que o seu par está procurando por alguém exatamente como você. Assim como ficaria relutante em mandar um amigo que não é confiável para colher informações sobre a pessoa de que você está a fim, você, pelo contrário, deve se sentir em boas mãos com o seu serviço de namoro.

Se você odiava troca de bilhetes e fofocas sobre quem-gosta-de-quem, pode escolher pular esse jogo e procurar por si mesmo. Ganhará tempo, evitará os ruídos que podem ocorrer quando se trocam mensagens e pode até entusiasmar a sua potencial paquera, só pela sua coragem. Afinal, você, pelo contrário, não está mais confinado em um ambiente escolar, onde as notícias voam, você gostando ou não.

Bancando o difícil

O jogo de bancar o difícil dá muito trabalho, porque requer que você vá contra os seus sentimentos. Você provavelmente está ocupado o suficiente e quer evitar mais esse esforço. E, se está fazendo progresso em direção ao que chamamos de autenticidade, jogar pode parecer um retrocesso.

Mas o que você faz quando se sente desvalorizado ou negligenciado pela pessoa de quem está gostando? Ou se o seu parceiro está se sentindo muito confiante ou no controle do relacionamento? Vamos discutir mais sobre isso no Capítulo 32, mas por enquanto vamos extrair o que é bom do jogo de bancar o difícil — a parte sobre *se valorizar*. Felizmente, você não precisa disfarçar os seus sentimentos para conseguir fazer isso.

Valorizar-se significa ver a sua companhia como algo precioso e que merece um bom tratamento. Significa ter uma atitude do tipo "eu sou bom para você" e esperar que os outros queiram estar perto de você. Talvez você não se sinta sempre assim, então, se tiver que bancar o ator, aqui está um bom lugar para começar. Agir *como se* fosse valioso começa a firmar esta crença em você — os outros são levados a tratar você bem, você se sente mais importante, e assim por diante.

Trazer para si próprio essa idéia de valorização é diferente de bancar o difícil, porque você continua livre para expressar os seus desejos. Em vez de ganhar poder ao negar o que você quer, você revela o seu poder ao mostrar o que quer. Pode dizer "quero estar com você" de um jeito que soa como "você tem muita sorte, não é?". E, pensando assim, quem não é sortudo ao ser desejado?

O jogo de ciúmes

Esse jogo está relacionado ao de bancar o difícil, no qual se está tentando aumentar o seu valor aos olhos de outra pessoa. Pense em por que você gostaria de deixar o seu namorado com ciúmes. Provavelmente quer impedir que ele se sinta confortável demais no relacionamento; para lembrá-lo de que você poderia fazer uma outra escolha.

A consciência de que poderia estar com outra pessoa pode ser um benefício. É um jeito de evitar um relacionamento que não o faça feliz. Ter consciência das opções pode ajudar a perceber de quais comportamentos você gosta ou não. Essa pode ser uma informação valiosa para o relacionamento em que você está, ou possivelmente uma deixa para você cair fora. O que diferencia essa atitude de um jogo é que você está pensando nos seus desejos, e não tentando manipular o seu parceiro.

Caça e conquista

Embora esse jogo seja na maioria das vezes associado aos homens, qualquer um de nós que tenha ido a um show da Blitz pode perceber que as mulheres também sabem jogar. A graça do jogo da conquista é a própria caçada. Quer esteja gritando para que um artista mande um beijo para você em um show ou indo atrás de alguém que pareça inacessível, parte da emoção está no desafio. Esse jogo combina bem com o de bancar o difícil. Quanto mais dura a resistência, mais intensa é a caçada. Porém, quando a conquista é obtida e o outro começa a corresponder, a satisfação abre caminho para o desejo de um novo desafio. Uma nova caçada começa.

Se a conquista *pode* ser fascinante, é também uma emoção bastante unilateral. Se vamos de uma caça a outra, exercitamos o nosso poder de atração, mas não nos permitimos *ter* alguém. E não nos permitimos ser desejados pelo outro. De certo modo, nos mantemos famintos sem nos permitirmos ser saciados. Enquanto agimos com segurança, não reconhecemos o nosso medo de ter verdadeiramente o que desejamos.

Porém, a disposição de ir atrás do que queremos é uma vantagem quando se namora. Todos nós ouvimos histórias sobre como a persistência compensou: a atitude do caçador um dia foi entendida, o lado relutante cedeu ao insistente e foi conquistado — para sempre! Se pudermos nos permitir ir atrás dos relacionamentos que desejamos — e os curtirmos, também — a caça pode ser mais divertida.

Leitura de mentes

O desejo de ter a sua mente lida está atrelado ao desejo de receber cuidado. Não há, na verdade, nada de errado com este desejo. O único problema com o jogo da leitura de mentes é que ele geralmente dá errado. A parte da leitura de mentes em que devemos prestar atenção é a que tem a ver com os nossos desejos. O que você espera que ele ou ela façam por você? Se espera ser decepcionado, que desejo está por trás desse sentimento?

Se pudermos ler as nossas próprias mentes, tornar conscientes os nossos próprios desejos e em seguida começarmos a mostrá-los mais diretamente, estaremos muito mais próximos de conseguir o que esperamos. Uma amiga me contou um ótimo jeito de ajudar o namorado a comprar presentes para ela: "Eu simplesmente vou a várias lojas, escolho o que eu gosto, deixo a lista no balcão de informações da loja e digo a ele quais lojas deve visitar. A última vez que eu fiz isso, ele comprou tudo o que eu selecionei!"

A honestidade é um afrodisíaco

A necessidade de jogos vem do medo da honestidade e das suas conseqüências. Fazemos todo tipo de contorcionismos para não dizer a verdade. Falar uma frase feita dá mais segurança do que revelar honestamente: "Quero conhecer você." No entanto, frases feitas e jogos muitas vezes são transparentes. Falar a verdade pode não apenas ser estimulante, mas sexy. E ser honesto demonstra segurança. Mesmo quando você admite se sentir pouco à vontade, é mais provável que seja visto como atraente do que como idiota. E também permite que o seu par seja mais verdadeiro.

Quando recitamos falas ou usamos os velhos jogos, estamos nos escondendo. Se quer que alguém goste de você, *se revele*. Quanto mais conseguir usar a própria voz, mais vida e energia comunicará. Perceba como você reage à pessoa que vai direto ao ponto — eu normalmente desejo ser essa pessoa! A verdade é um grande afrodisíaco. Pratique dizer as coisas como elas são. Admita o que é uma porcaria. Comece sendo mais verdadeiro consigo mesmo e mais aberto com os seus amigos.

Todos temos que identificar o nosso próprio estilo de nos relacionarmos com os outros. Se um jogo funciona para você, ele deve se encaixar no seu jeito de flertar. Se timidez ou sedução são as suas cartas na manga, então use-as! Apenas saiba que você tem opções — e que a escolha é sua.

Primeiro amizade

Meu caso de amor mais forte foi um que começou como amizade. Na verdade, meu amigo estava namorando quando nos conhecemos. Depois de se despedir da namorada com um beijo, ele ia para meu quarto no alojamento da faculdade e conversávamos sobre filosofia, religião ou o que viesse à nossa cabeça. Embora estivéssemos ambos atraídos, não havia pressão, e podíamos ser verdadeiros um com o outro. Foi um ano antes de começarmos a namorar, e já havíamos desenvolvido tanto uma aproximação quanto um acúmulo de desejo sexual. O primeiro beijo foi incrível... — ops! Estou divagando aqui. O que quero dizer é: uma forma de evitar os jogos do namoro em geral é começar como amigos.

Imagine-se procurando um amigo para passar o tempo juntos em vez de um amante para sair. Não é diferente? Com um "namorado" você pensa em se vestir bem e inventa conversas inteligentes — e jogos. Com um amigo, você pode curtir, se divertir e ser você mesmo. Só essa simples mudança na sua atitude já pode ser uma ótima vantagem quando você encontra pessoas. Além disso, não há base melhor para um relacionamento do que uma amizade verdadeira.

Capítulo 8

"Todos os bons partidos estão comprometidos"

Nunca se case com um homem antes de ele ter tido pelo menos uma crise de meia-idade. Nunca se case novamente a não ser que você já tenha tido pelo menos uma.
— De Boomer Babes, *obra de Linda Stasi e Rosemary Rogers*

Se você está preocupado que todos os bons partidos estejam comprometidos, olhe no espelho. Espero que você acredite que você é um dos bons! Este livro nunca teria sido publicado se não soubéssemos que há muitos de vocês por aí.

A idéia de que os "partidões" estão comprometidos vem do princípio de que os bons atraem a pessoa certa mais cedo, casam-se e ficam fora do mercado. Apesar de a premissa ter alguma lógica — e existem muitos bons partidos em relacionamentos estáveis —, ela só chega até aí. Pessoas saudáveis mudam e crescem, e, se uma parceria é realmente boa, ela se desenvolve também. Nem todos os partidões são sortudos o suficiente para encontrarem esse tipo de relacionamento logo de cara. Alguns encontram o relacionamento certo, mas ficam solteiros quando o parceiro morre. E muitos de nós nos tornamos bons — ou *melhores* — através das mudanças que fazemos no status dos nossos relacionamentos. Pense nas vantagens de sair com alguém que já passou por terapia!

Quando pensamos que os bons já foram escolhidos, esquecemos um elemento chave chamado *mudança*. Como podemos descobrir em qualquer encontro de antigas turmas da escola, algumas pessoas que achávamos interessantes naquela época ficaram chatas, alguns CDFs se tornam milionários da Microsoft e certas pessoas que mal notávamos criaram vida. Agora temos o benefício da história e podemos observar como o nosso ponto de vista se desenvolveu com o tempo. Já que a meia-idade é a época em que caímos na real, você pode fazer melhor do que encontrar um dos partidões — pode achar *o melhor*.

Cortando o desespero pela raiz

Por mais que tentemos nos convencer de que existem bons partidos por aí, podemos perder as esperanças. A idéia de encontrar alguém novo pode parecer devastadora e fútil. Com freqüência tais sentimentos são temporários e oscilam entre a euforia e a esperança. Mas quando sentimentos negativos persistem, precisam ser observados. Falta de esperança é o primeiro sinal da depressão, principalmente quando agrupada a outros sintomas, tais como perda do prazer, sentimento de culpa, sintomas físicos — como mudanças na alimentação, sono, energia e pensamentos suicidas. Fale com o seu médico ou terapeuta sobre o que você está vivendo e procure ajuda. Antidepressivos e terapia — juntos ou sozinhos — têm se provado solidamente eficazes no tratamento da depressão.

Mesmo que você não esteja deprimido, é natural brigar com o seu sentimento de esperança. Alguns dias parecem vazios, e a idéia de que qualquer coisa boa aconteça parece não existir. Em horas assim, ajuda lembrar que a sua visão é limitada, que existe céu azul além das nuvens, e há mais possibilidades do que sua mente pode compreender. Seus sentimentos estão temporariamente controlando a sua percepção de realidade, e simplesmente ter noção disso pode ajudar. Nesse meio-tempo, seguem algumas dicas para lidar com ocasionais crises de falta de esperança:

Seja bom para si mesmo

Já percebeu sua tendência de esfregar sal nas suas próprias feridas? Aqui está você, se sentindo mal, e você se volta contra si mesmo com perguntas, acusações e culpa. Quando o mundo não parecer amigável, faz uma grande diferença escolher ficar contra você mesmo ou ao seu lado.

Ficar do seu próprio lado nem sempre é fácil. Comece percebendo o que você diz a si mesmo quando está se sentindo para baixo. Talvez se surpreenda com o quanto você pode ser duro consigo mesmo. Em seguida, pratique interromper a autocrítica respirando fundo e se auto-elogiando. Aprenda a aliviar as suas feridas em vez de jogar sal sobre elas.

Pegue leve com você

Reconheça que está lidando com algumas mudanças assustadoras. Concentre-se no básico agora: coma alimentos saudáveis, procure conforto, descanse. Olhe para pessoas que trazem uma visão esperançosa do seu futuro, e pegue emprestadas as perspectivas delas por um instante. Saiba que os sentimentos ruins vão passar.

Desperte o seu desejo

Corte a superfície da falta de esperança e você encontrará desejo. O desejo se transforma em desesperança quando tememos não conseguir alcançar aquilo que queremos. A descrença preenche convenientemente a lacuna entre o desejo e a realização: simplesmente concluímos que não vamos conseguir. Ficar com o desejo e a esperança significa permitir a lacuna — acumular tensão enquanto o desejo não é realizado. Essa é uma habilidade que vem com a prática, mas que vale a pena desenvolver. Porque, quanto mais permitimos o desejo, mais atraímos a sua realização.

Então experimente voltar da falta de esperança para o desejo. Reconheça quanto você quer algo. Se acostume com a maneira como sente os seus desejos e fique assim por períodos cada vez mais longos. Desejar é um hábito maravilhoso.

Aja com esperança

É possível agir com esperança mesmo quando você não a tem. Você está agindo com esperança quando não volta para a segurança do passado, quando segue em frente sem saber como tudo vai acabar. Se você ler qualquer romance de aventura, sabe que momentos de desespero são parte da história. Mesmo heróis e heroínas têm vontade de desistir — mas simplesmente não desistem.

Abra o seu pensamento

Você pode se sentir sem esperança devido às coisas que não seguem de acordo com seus planos. Talvez alguém que achou que fosse feito para você esteja num relacionamento sério com outra pessoa. Talvez ficar solteiro agora não estivesse em seus planos, para início de conversa. Ou esse processo está levando mais tempo do que imaginou (não é sempre assim?). Você tinha uma certa idéia de como as coisas deveriam ser, e não funcionou desse jeito. Se este é o caso, a falta de esperança que você sente diz mais sobre os limites dos seus planos do que sobre o seu potencial de realizações. Considere que a vida pode ter muito *mais* guardado para você do que tinha imaginado. Todos tivemos situações em que um plano ruim se tornou uma bênção porque abriu portas para algo novo e melhor.

Sofra a perda do seu plano e se desapegue dele. Transforme sua esperança em possibilidades maiores do que você pode imaginar.

Uma atitude de abundância

A preocupação de que os bons partidos não estejam mais disponíveis — ou, pelo menos, que estejam desaparecendo rapidamente — vem de uma mentalidade de escassez. O modo de pensamento escasso é baseado na crença de que não há muito para onde ir. Quando motivados pela escassez, somos levados mais pelo medo do que pelo desejo. Aplicado ao namoro, você pode querer namorar *qualquer* pessoa, em vez de procurar alguém com quem realmente queira estar. Pode se sentir inclinado a aceitar, em vez de avaliar. Talvez sinta medo de sair de um relacionamento insatisfatório porque, pelo menos, você tem alguém.

Por outro lado, uma atitude de abundância mostra que existe o suficiente, que existe uma variedade de opções e que você pode se dar ao luxo de esperar mais e ser mais exigente. Se você vê alguém feliz em um relacionamento, não conclui que o sucesso dessa pessoa reduza as suas chances. Em vez disso, usa o sucesso dela como prova de que bons relacionamentos são possíveis para todos.

Em nossa cultura, existe o mito de que todos desejamos as mesmas coisas e competimos pelos mesmos recursos limitados. A mídia reproduz esse mito de identidade. Comerciais ficam em nossas mentes, sugerindo que todo mundo quer o carro X ou precisa do sabão em pó Y. Filmes e revistas definem padrões para quem é sexy. A realidade é: os seus desejos são seus. Não podem ser reproduzidos. Muitas vezes fico surpresa ao saber que um cara que eu acho maravilhoso é apenas normal aos olhos de amigas minhas, e vice-versa. Considere a possibilidade de que você não está competindo com ninguém — que seu par é tão único quanto você.

Uma atitude de abundância é um grande atrativo em relacionamentos. Quando você não está se perguntando se existe o suficiente, fica livre para pensar no que você realmente quer e se desapegar quando algo não estiver funcionando. Minha amiga é um exemplo perfeito dessa atitude. Ela desmanchou com um cara por quem era apaixonada, mas cujo flerte incessante (com outras mulheres) não parou mesmo depois de muitas conversas entre eles. Ela então decidiu, já que ela estava livre, que queria alguém mais gentil, mais rico, melhor, mais educado e mais bem estabelecido. O próximo homem que ela encontrou preenchia todos os requisitos. Isso é que é abundância! Pratique essa atitude e perceba como você se porta, como interage. Parece bom, não?

Voz da experiência

"Há bons homens por aí. Meu namoro virtual provou isso. Eu tinha 41 anos, estava solteira e fui realocada no trabalho para uma cidade com mais ou menos 300 mil pessoas, então resolvi experimentar um sistema pago de namoro pela internet. Os resultados foram incríveis. Pelos onze meses que se seguiram, conheci ou saí com dezessete homens diferentes: três advogados, um ginecologista, dois professores universitários, quatro engenheiros, o dono de uma rede de concessionárias e diversos outros caras interessantes. Lembro as profissões da maioria; mas só lembro o sobrenome de quatro deles (quem poderia esquecer o senhor Clapp?), e esqueci o primeiro nome de cinco deles, embora isso tenha acontecido há menos de dois anos. (E nós achamos que os homens são superficiais!)

A maioria era de homens gentis, interessantes e à procura de relacionamentos sérios. Minha aventura virtual só parou porque me envolvi num relacionamento de quinze meses começado na internet. Terminou em um pedido de casamento, que recusei. Eu não estava apaixonada, e posso me dar ao luxo de esperar até que esteja."

Capítulo 9

"Eu não posso sair assim!"

Além dos garotos exibidos com as suas calças stretch, suéteres peludos e olhares de Dick Tracy, havia os rapazes com penteados de Presley, Big Bopper, Tony Curtis e Chicago boxcar. Ninguém nunca parecia notar como eles levavam maniacamente a sério os seus penteados, as suas calças apertadíssimas, os suéteres afofados, o modo de andar, de não fazer nada, olhar para as garotas ou bancar os reis.
— Tom Wolfe, escritor

Tudo bem, não namoramos desde que a moda era usar poliéster. E daí se já faz uma década ou duas? Sim, abandonamos o hábito de nos "namorarmos" no espelho, e provavelmente ganhamos alguns quilos (cinco quilos por década é o normal, dizem!). Não temos tempo de estudar as revistas de moda desde o tempo das discotecas, então talvez estejamos um pouco por fora das tendências atuais.

Vejamos o que é possível fazer para nos prepararmos para namorar no novo milênio.

Um inventário honesto

Quando você pergunta a alguém: "Estou gordo?", realmente quer a resposta? Ou está buscando um pouco de reafirmação? Agora é a hora de cair na real e responder honestamente. Olhe no espelho como se estivesse olhando para outra pessoa. O que você vê? Sei que já disseram para nunca confiarmos em ninguém com mais de trinta anos, mas se você tiver um amigo íntimo que ouse ser honesto, escute-o. Algumas mudanças exigem ajustes muito pequenos. Você pode estar usando uma cor que faça seu cabelo parecer sem vida, ou um estilo que faz você parecer mais velho. Seu cabelo é favorável para seu rosto? É fácil se sentir preso a um visual que funcionava para nós naquela época. Mas — diga a verdade — ele funciona hoje? Se você usa maquiagem, sabe aplicá-la? Nem todo mundo tem o talento cirúrgico nato de passar o delineador da forma correta!

> **Estratégias simples para melhorar a aparência**
>
> • Ponha roupas de exercícios e tênis do lado da cama à noite. Vista-os pela manhã ou imediatamente depois do trabalho. Mesmo que você não tenha uma malhação em seus planos, o uniforme vai ajudar a dar o pontapé inicial.
> • Tenha em mente que o sabor da comida é mais intenso durante as primeiras garfadas. Pratique comer com prazer as garfadas iniciais, depois pare. A comida não vai ficar melhor que isso!
> • Analise a sua despensa e a geladeira e descarte a comida ruim. Depois estoque comida que satisfaça. Aprenda a ser criterioso.
> • Experimente isto: compre a sua barra de chocolate favorita na próxima vez em que for às compras. Dê uma boa e satisfatória mordida e jogue o resto na lata de lixo mais próxima. Você sentirá muito poder!
> • Consuma mais calorias no início: tome café-da-manhã, lanche no meio da manhã, tenha um almoço reforçado, lanche à tarde, coma pouco no jantar. As pessoas que não entendem por que não perdem peso quando não comem "o dia todo" na verdade tendem a ingerir a maior parte de suas calorias depois das 18h.

Não se prenda apenas ao que não está funcionando. Note o que é mais atraente em você. Tem orgulho da sua altura? Do seu cabelo? Seu bíceps? Seus cílios? Pense bem nos seus pontos fortes e em como realçá-los.

Fazer um inventário não significa necessariamente que escolherá mudar o seu visual — você pode já estar ótimo —, apenas que está tirando tempo para honestamente ver o que as outras pessoas estão vendo. Se quer ficar sarado ou emagrecer, precisa decidir se está realmente preparado para mudar. Se não estiver, aceitar o seu corpo como ele é e vesti-lo bem será muito melhor do que desejar um físico diferente. Lembro que, quando estava na faculdade, fiquei de saco cheio de fazer dietas e dei todas as roupas que estavam pequenas demais, e que esperavam tão ansiosamente no meu armário. O estranho foi que eu me senti tão melhor usando roupas que cabiam que perdi peso naturalmente! (Mas também, isso foi na faculdade, quando o meu metabolismo estava funcionando a toda!)

Ande assim

A forma como nos portamos pode fazer a diferença entre sermos vistos ou ignorados, e em *como* somos vistos. Você se encurva e inconscientemente se esconde? Quando me aventurei como modelo aos quarenta e poucos anos, percebi que andei a vida toda com a cabeça baixa e os ombros encurvados. Andar ereta e olhar para frente não só parecia estranho, mas apavorante!

Lembra quando você tinha orgulho de entrar numa festa, como se sentia jovem, sexy e disponível? Eu me lembro vagamente de me sentir assim. Mas lá estava eu, quarenta e poucos anos, no mundo, olhando para frente — e era estranho. Enquanto me ajustava à nova postura, comecei a me sentir mais confiante, como se tivesse o direito de estar no mundo. Logo comecei a gostar de ser vista. Assim como a confiança pode afetar a maneira como nos portamos, a atitude afeta a nossa confiança. Simplesmente andar e sentar *como se* você fosse o dono do mundo vai ajudá-lo a se sentir mais seguro de si.

Agora que já olhamos para você, vamos visitar seu armário.

Fique por dentro! Dando uma atualizada no seu visual

Os jovens prestam atenção na moda e nas tendências, em parte porque estão tentando atrair um par. Ao crescermos e ganharmos alguma estabilidade, nos tornamos menos preocupados (para dizer de forma delicada!) com o que está na moda. No entanto, estar na moda significa muito mais do que apenas as lojas onde fazemos as nossas compras. Mostra que sabemos o que está acontecendo, que estamos vivendo no mundo, que estamos nos mantendo vivos. Então, é hora de ir às compras novamente.

Arranje um adulto na moda e solteiro, de vinte e poucos anos, para levá-lo às compras. (Um adolescente faria você parecer ridículo e, uma vez que um adulto se casa, a sua noção de moda pode diminuir automaticamente.) Seu parceiro de compras pode ser o seu próprio filho ou filha: eles vão adorar ensiná-lo como mudar! Certifique-se de que está consultando alguém que será honesto com você. Você não quer ter uma "FALHA NA COMUNICAÇÃO!". Você pode ir sozinho, mas talvez queira antes ler sobre estas experiências.

Voz da experiência
"Eu pensei que seria fácil: uma ida ao shopping para comprar um jeans da moda. Primeiro: tem quase cinqüenta modelos: corte largo, cigarrete, perna reta, pantalona, cós baixo, na cintura, abaixo da cintura, longo, normal e até o tornozelo, botões em vez de zíper (por quê?!), zíper, amassado, desbotado, enfim, você entendeu. Depois, descobri que as lojas de moda agora têm provadores unissex — respire fundo. Aprendi que, para se misturar, o segredo é se fazer de arrogante e indiferente, enquanto discretamente tenta passar sinais de estresse a uma atendente prestativa. Melhor ainda, leve a sua filha."

Prepare-se para entrar em lojas que não são familiares para você. Isso pode ser intimidador. Quando estiver na dúvida, aja com superioridade. Você pode querer simplesmente avaliar tudo antes de comprar. Pense nisso como uma pesquisa, e compre algumas revistas de moda — como *Elle* ou *Marie Claire* — enquanto faz isso. O objetivo é sentir o que está acontecendo no momento. Preste atenção especialmente na perna das calças jeans e no estilo dos sapatos.

Falando em pernas de calças jeans, quem um dia pensou que veríamos as bocas-de-sino novamente — e calças no quadril? Na verdade, você pode achar que fazer compras de novo é uma viagem no tempo, enquanto tem a sensação sinistra de que já comprou isso antes. Quando essas coisas são chamadas de "retrô", você não se sente mais velho? Mas aqueles de nós que gostam de colecionar qualquer coisa podem aproveitar a oportunidade para se reciclarem. Outro dia mesmo, a minha sobrinha, muito estilosa, estava passeando por aí com um vestido da minha irmã — longo, hippie e cheio de flores! Dê mais uma olhada no seu guarda-roupa.

Peça ao seu consultor um feedback sobre seu penteado e cor de cabelo, maquiagem para mulheres e acessórios. Se você usa óculos, quando foi a última vez que você atualizou a sua armação? Quanto aos homens — vocês não relaxaram demais com esse penteado? (Se você usa bigode, não ande até o barbeiro — *corra!*). Um corte atualizado pode fazer uma diferença enorme. Mais uma vez, prepare-se para um verdadeiro túnel do tempo. Meu afilhado adolescente está usando um topete ao estilo Beatles. E uma ida recente a um salão para fazer a minha maquiagem me rendeu uma grande surpresa. A jovem ao meu lado estava pondo cílios postiços. Santos anos 1960, Mulher Gato!

Pensando bem, pode ser que saibamos mais sobre o que está na moda do que pensávamos! É muito gratificante saber que a geração antiga está "dando o tom" mais uma vez. Assim, além das revistas de moda de hoje em dia, você pode querer pegar o seu álbum de fotos do segundo grau!

Preparando a sua cabeça

Por mais que possamos melhorar e atualizar a nossa aparência, o que está em nossa cabeça pode fazer toda a diferença. Goste você ou não, está se vendendo. Na verdade, pode ser útil pensar em como você se prepararia para uma apresentação de vendas.

Antes de tudo, precisa conhecer o seu produto por dentro e por fora. Pense em como você se descreveria para alguém. Como capturaria seu o visual único? Que traços de personalidade seriam mais importantes? Que livros e filmes são os seus favoritos? Para esse exercício, pegue um pedaço de papel e escreva rapidamente palavras ou expressões que descrevam quem você é e do que gosta. Não pense muito, apenas escreva. Tente preencher a página. Depois leia a lista toda e procure temas. Qual é a sua essência? Que título você daria para a história da sua vida?

Depois, você precisa saber o que o diferencia dos outros. Você é *expert* em alguma coisa? Qual é o seu nicho profissional? Tem uma coleção considerável de discos ou de canecas de cerveja? Você é culto? Viajado? Bem-dotado? Consideram você um sábio? Que experiência de vida você tem que é única? Existe alguma coisa que sabe fazer melhor do que a maioria das pessoas? (Isso pode vir *muito* a calhar.) Você é bom escritor? Músico? Artista? Piadista? Seus talentos teriam sido mais bem aproveitados num programa humorístico? Você é uma pessoa que tem compaixão? Já conquistou muitas coisas? Um pai dedicado? Simplesmente inteligente?

> *"A moda passa, o estilo é eterno."*
> — *Yves Saint Laurent, estilista*

Por último, crie o seu slogan. Tente juntar as suas melhores características em uma frase. Se precisar de mais material, use o exercício do Apêndice A. Não é hora de ser humilde, e ao mesmo tempo você precisa acreditar no seu slogan. Você pode finalizar com uma frase como "Arquiteto brilhante que adora animais", ou simplesmente uma palavra, como "aventureiro", ou um elogio rasgado, como "Eu sou o maior", bem ao estilo do pugilista Muhammad Ali. O slogan não é uma coisa que você vai distribuir para as pessoas com quem sai — é para você. Mantenha-o perto para lembrar-se de quem você é, do que você ama em si mesmo.

Agora você está pronto para um ensaio.

Capítulo 10

Você pode ter um ensaio

Drogas e vícios usam muitas caras,
Nos ajudando a correr de nós mesmos para novos lugares,
Usamos pessoas como bebidas, causas como crack,
Eu quero parar, eu me quero de volta.

E estou deixando você
Dando permissão a você para
Me abraçar, me inspirar
Reacender a chama em mim.
Cure-me, baby, cure-me... cure-me.
— *"Heal Me", canção de Rebecca Aadland-Schopper*

Namorar de novo requer iniciativa e esforço, e pode exigir abandonar um hábito ou outro — como ficar em casa, usar a televisão como principal fonte de lazer ou ir para a cama na mesma hora, toda noite. Para alimentar essa mudança, você precisa se aquecer para a idéia, juntar alguma energia e ficar tão motivado que nada possa impedi-lo. Vamos começar o ensaio.

Visualizando

Lembra quando a escola era só uma interrupção na sua vida de fantasias? Embora você possa ter sido repreendido por isso naquela época, sonhar acordado provavelmente foi mais útil para prepará-lo para a vida do que aprender tabela periódica. Ficar olhando para os seus ídolos na telinha, pendurar pôsteres do Chico Buarque, decorar letras de Caetano eram formas através das quais você começou a visualizar como era amar.

Está na hora de alimentar as suas fantasias de novo. Não se preocupe em ser prático agora. Imagine o melhor. Só você pode definir o que é "o melhor" para você. É uma conversa íntima com alguém que o atraia muito? Fazer amor apaixonadamente na praia? Aqueles momentos em que faíscas simplesmente surgem e seu coração começa a disparar? Sair com três pessoas diferentes em uma semana? O casamento dos seus sonhos? Qualquer que seja a fantasia — e não há nada que diga que você tem que parar com uma —, ela deve mexer com você e fazer você querer.

Quanto mais específico você puder fazer sua fantasia, melhor. Como é seu par? O que você está usando — que colônia? Qual é o ambiente, música de fundo? Sobre o que vocês estão conversando? (Isso se estiverem conversando!) Escolha alguém famoso para a sua fantasia se quiser. Assista a uma comédia romântica ou um filme sexy de ação. Leia um livro com grandes cenas de amor. Sonhe um pouco. Você gostava disso naquela época...

Sentindo

Como discutiremos mais a fundo no Capítulo 21, permitir que os seus sentimentos aflorem é essencial para conseguir o que você deseja. Um ator que simplesmente faz os movimentos e não consegue sentir os sentimentos não será muito bom. É a mesma coisa com namorar. Cave bem fundo. Entenda as suas motivações. Por que você quer namorar? O que você está esperando?

Este é o momento para adicionar textura à fantasia que você está criando — dar a ela profundidade e drama. Perceba a música que mexe com você e as histórias que lhe fazem sorrir ou chorar. Comece a unir todos esses elementos em sua própria história. Inclua de onde você vem, os acontecimentos que transformaram a sua vida, as necessidades e desejos que surgiram no seu passado. Permita o desenvolvimento de um conflito ou tensão central, talvez a tensão no meio da qual você esteja agora, e então faça a história satisfazer os seus anseios mais profundos. Preste atenção em como você sente essa satisfação no seu corpo e na sua alma. Permita-se ser levado pelo desejo até a essência de quem você é. Dessa forma, vai conseguir o papel.

Atuando

As crianças não precisam de adultos para lhes dizer como se prepararem para a vida. Elas vão desempenhando suas cenas até chegarem ao papel de adultos. Eu nunca me esquecerei de quando brincava de "namorado e namorada" com um elenco só de meninas. Nós fingíamos nos arrumar para a paquera, conversávamos sobre "os rapazes" e saíamos em encontros duplos. Mesmo quando nos aproximávamos da idade de namorar, minhas amigas e eu brigávamos para ver quem teria o nosso ídolo na TV como namorado de mentirinha. Nós ensaiávamos flertes, solução de conflitos, o drama da separação e a reconciliação.

Embora você possa não querer atuar com os seus amigos, existem alguns elementos que você pode usar ao se preparar para namorar para valer:

Escolher os personagens

Além de decidirmos quem seriam nossos namorados, nós também passávamos um bom tempo descrevendo umas para as outras quem éramos: "Eu pareço a Cher, mas com cabelo loiro, e sou aeromoça." Talvez você queira ser um pouco mais confiante desta vez — pratique confiança. Talvez você queira estar mais "presente" sexualmente, ou mais reservado. O que torna isso divertido é que você pode brincar como quiser.

Se tem medo de que isso possa deixá-lo menos autêntico, considere como real o seguinte: aquele que você deseja ser é quem você já é. Lembra o Narciso, da mitologia grega? Ele se apaixonou pelo seu próprio reflexo, e não percebeu que era ele! Nós fazemos a mesma coisa. Nós vemos o que amamos nos outros, sem percebermos que estamos vendo um reflexo de uma coisa muito profunda em nós mesmos. A pessoa que você deseja pode na verdade ser o seu eu mais autêntico. Fui criada em uma família conservadora e aprendi a suprimir as minhas tendências libertárias. Desde adolescente eu quis ser hippie. Percebi que é da minha natureza ser um espírito livre, de mente aberta e criativa — todas características que eu associava aos hippies. A diferença é que agora eu sou livre para ser aquele eu desejado.

Um benefício enorme em decidir quem você quer ser é que atrairá pessoas que apóiem as suas qualidades desejadas. No casamento da minha irmã, ela sempre foi a forte e raramente podia contar com seu marido para ser firme por ela. Era um papel com o qual estava familiarizada, e tanto ela quanto o marido sempre o reforçavam, mesmo que não fosse o mais adequado. Ao encarar a sua insatisfação no casamento, e com a ajuda de terapeuta, amigos (e irmãs, é claro), ela passou a aceitar que tinha necessidades. Ela começou a ansiar por um parceiro que pudesse ser mais forte do que ela. Enquanto brincava com a sua nova identidade, notamos uma transformação enorme. Ela perdeu o peso que escondia os seus contornos, deixou seu cabelo crescer em cachos e permitiu que as irmãs das quais ela tinha cuidado agora cuidassem dela. Ela é linda em sua fragilidade e, desde o divórcio, atrai homens que a tratam com cuidado.

Ao identificar o papel que você quer fazer, pode mentalmente ensaiar as interações que o seu "personagem" terá. No caso da minha irmã, ela teve que tomar cuidado com a tendência dela de espantar o desapontamento e ser forte. Ela ainda está trabalhando em seu novo papel, mas está conseguindo cada vez mais reconhecer quando se sente machucada ou decepcionada. E outra ironia é que, ao abrir mão daquela sua fachada de força, ela tem experimentado uma nova força, que surge por ser verdadeira consigo mesma. Ela não está mais se escondendo, ou preocupada se vai ser descoberta por alguém. Está corajosamente sendo quem ela é. E está se divertindo com isso.

"Tudo que eu posso fazer é ser eu mesmo, quem quer que isso seja."
— *Bob Dylan*

Assumir um papel desejado é como uma brincadeira, porque é divertido ser quem você quer! Na verdade, a diversão é um grande sinal de que você está sendo você mesmo.

Encontre amigos para jogar

Identifique pessoas em quem você pode confiar, e deixe que elas o ajudem a se aperfeiçoar no seu novo papel. As suas relações com os amigos e a família são um ótimo espelho para ver o seu estilo de relacionamento. Se você é controlador com os amigos, provavelmente você controlará o seu par. Se seus amigos ficam frustrados com a sua passividade, seu par também ficará. E um relacionamento terapêutico é um ótimo laboratório para entender os seus relacionamentos em geral.

Vestindo a camisa

Hora de brincar de se arrumar! Você já está falando em atualizar o seu visual; também quer que ele combine com o seu personagem desejado. Vermelho ou couro (ou couro vermelho!) vão ajudá-lo a estar mais "presente"; ternos dão um visual sofisticado ou profissional; roupas boêmias e jóias exibem o seu lado criativo. Hoje há consultores de estilo que podem ajudar a criar o visual que você tem em mente.

Esse é um ótimo momento para experimentar. Teste estilos diferentes, use uma cor que você "nunca" usa. E o ponto de vista de alguém que não conhece você pode ser útil. Divirta-se — aumente um pouco os limites. Se você é um homem que nunca usa jóias, experimente um cordão, ou até mesmo um brinco! Se você é uma mulher que nunca usa esmalte, dê-se ao luxo de uma manicure. Lembre-se: é uma brincadeira! Veja como se sente. Você pode se surpreender.

Aprecie a dramatização

Além de ser divertido, brincar também fornece uma distância segura para lidar com os desafios do namoro. Quando minhas amigas e eu fingíamos uma briga nas nossas brincadeiras, era uma boa dramatização, livre das ansiedades associadas aos problemas da vida real.

Namorar é uma das melhores fontes de boa dramatização. Muitas vezes a minha irmã me distrai com as histórias dela. Se ainda tem aqueles dias de ansiedade, pelo menos não perdeu a dramatização. Na verdade, ela se refere aos obstáculos no percurso como um "enriquecimento do roteiro". Tenho que admitir que, quando casada, ela não era nem de perto tão divertida.

Às vezes simplesmente finja que nada disso é real. (Muitos dos nossos gurus diriam que nada é real mesmo!) Assista a filmes e leia livros com cujos enredos você se identifique. Conte seus rolos, sobretudo para pessoas casadas e tediosas que vão ouvir você com total atenção.

Parte dois

Encontrando pessoas

"Então", pode perguntar você, "estou pronto para namorar, mas onde estão os pretendentes?". De repente não sobrou muita gente do seu convívio social, ou as pessoas que você conhece já são por demais conhecidas e estão estabelecidas. A Parte 2 explora várias maneiras de encontrar novas pessoas, incluindo opções como o namoro on-line. Você descobrirá lugares onde conhecer gente nova e interessante, aprenderá a conquistar crescimento pessoal e relacionamentos saudáveis ao mesmo tempo e como achar as pessoas que também estão procurando por alguém como você.

Capítulo 11

"Você também?": conectando-se através de interesses em comum

Deixe o controle remoto de lado, levante do sofá e saia de casa.
— *De "Como encontrar um cara", de Linda Stasi e Rosemary Rogers*

Você já se sente frustrado quando as pessoas lhe dizem que você encontrará alguém quando não estiver procurando? Isso quer dizer que procurar é algo fútil? Que, para podermos achar alguém, devemos fingir não estar interessados em namorar?

Eu acho que não. Há muito a ser dito na simples sabedoria do "quem procura acha". Porém, quando a procura reduz o nosso foco e nos fecha para o que somos como um todo, pode não funcionar bem. Se a procura nos impede de relaxar e de nos divertirmos, podemos não ter bons resultados.

Um modo maravilhoso de procurar sem nos deixar para trás é perseguir os nossos interesses.

Se conhecendo através do relacionamento

Já percebeu como, quando você compra um item caro, como um carro ou uma casa, começa a ter uma noção melhor de quem você é? Se é uma casa ou um apartamento o que está procurando, percebe o tipo de vizinhança que gosta, o estilo de arquitetura que chama a sua atenção, os atrativos que importam para você. Talvez você esteja disposto a trocar espaço por charme; pode descobrir que a privacidade é importante; talvez um jardim seja essencial. Ao se aproximar de uma decisão, consegue uma idéia mais clara de quem você é.

O processo de encontrar alguém para se relacionar também oferece uma oportunidade de se autodefinir. É como "fazer as compras". Você pode começar só olhando e percebendo as pessoas com as quais interage no seu dia-a-dia. Preste atenção no que gosta e no que não gosta. Alguém do seu trabalho sempre irrita você? Por quê? Com quais pessoas gosta de conversar? Por quê? Uma atitude de comprador pode ser menos cínica e mais benéfica do que você pode imaginar. Você aceitará isso, descobrirá aquilo, sempre encontrando seus próprios gostos e preferências. Este é o paradoxo: mesmo quando está comprando algo ou buscando alguém, o que você está encontrando é você mesmo.

Em seu território

Os melhores lugares para se começar a procurar alguém são aqueles em que você se sente à vontade. Mas não leve isso ao pé da letra: a não ser que tenha um empregado bonitão ou um personal trainer que vá à sua casa, você vai ter que sair. Se gosta de livros, vá para o café de uma livraria. Se gosta de correr, tente encontrar um grupo. Se gosta de música, passe a freqüentar locais com apresentações ao vivo. Sair para lugares que você gosta aumenta a possibilidade de "acidentalmente" encontrar alguém que compartilhe uma paixão com você. Lembra de seus pais dizendo para você ficar parado em um determinado lugar caso se perdesse? O mesmo se aplica a relacionamentos: estabeleça um lugar, e, em algum momento, alguém interessante vai aparecer.

Não há nada de misterioso em encontrar alguém para namorar. Eles não são membros de um clube para o qual temos que nos qualificar — são apenas pessoas. E aquelas que gostaria de namorar são provavelmente *iguais* a você: homens ou mulheres com os quais consideraria fácil conversar, que têm os mesmos interesses e valores que você. Romances em livros e filmes com freqüência incluem falas do tipo: "Parece que conheço você há anos." Se você pensa em sair com alguém que já conhece, isso não o deixa mais à vontade? Derrubamos barreiras nos anos 1960, quando lutamos por direitos iguais e espalhamos mensagens de paz e amor. Não tínhamos que conhecer a pessoa ao nosso lado para nos sentirmos mais conectados. Éramos irmãos e irmãs. Se pudermos relembrar isso — que nenhum de nós era estranho —, encontrar pessoas pode nos fazer sentir como se estivéssemos indo para casa.

"80% do sucesso estão apenas em aparecer."
— *Woody Allen*

Se envolvendo novamente

Encontrar-se com outras pessoas pode ser um grande incentivo a se envolver nas causas com que nos importamos. Voluntariado é uma forma fácil de conhecer gente, porque vocês têm automaticamente algo para fazer juntos. Vocês também têm grandes chances de ter os mesmos valores e preocupações. Se quer se envolver politicamente, comece freqüentando as reuniões do seu partido, ou escolha um candidato e participe da campanha. Dessa forma você encontra não apenas as pessoas que visita de porta em porta, mas pode encontrar também o seu amor — e um eleitor — quando a porta se abrir! O maravilhoso disso é que, caso você se identifique com a área de organização, será convidado para as *festas*.

Outra vantagem do voluntariado é que somos necessários, e a nossa presença é bem-vinda e apreciada. Chegar com algo a oferecer pode ser mais confortável do que apenas procurar alguém para se relacionar. Esteja você no conselho de diretores ou trabalhando na construção civil, poderá mostrar suas habilidades e entusiasmo sem as pressões do trabalho.

Os benefícios do amadurecimento

A vantagem de se conectar através de interesses em comum é que, ao mesmo tempo, você cresce! O que achamos atraente nos outros é a *vitalidade* — a idéia de que aquela pessoa se dedica a algo em sua vida. Essa qualidade é percebida em pessoas que estão crescendo. Então pense em como você quer se envolver, de que maneira quer enriquecer a sua vida.

Aulas são uma forma maravilhosa de conhecer pessoas, assim como de expandir quem você é. Talvez você sempre tenha desejado desenvolver sua habilidade na fotografia ou no teatro. Ou pode achar divertido aprender dança de salão ou boxe. Pense na "aula" que sempre quis fazer, mas nunca se permitiu. Talvez você se sinta um peixe fora d'água porque não estudou economia, ou se arrependa por não ter prestado atenção às aulas de literatura. As pessoas voltam às aulas por vários motivos — mudança de carreira, completar uma formação, adquirir cultura, e, claro, para encontrar pessoas. Embarque nessa tendência!

Entrar para um clube é uma ótima oportunidade de encontrar pessoas. Pense em algo e provavelmente haverá um clube para isso. Existem clubes de corrida, de samba, alguns apoiando alguma causa, de culinária, de escritores e muito mais. Alguns clubes, como os de golfe e tênis, por exemplo, oferecem uma estrutura para uso, assim como eventos sociais e atividades.

Claro que não precisamos freqüentar qualquer aula ou clube para crescermos. Quanto mais engajados estivermos em nosso próprio desenvolvimento, mais gente vamos encontrar. Qualquer coisa nova que desejemos requer novos contatos e nos expõe a novas pessoas. Se você estiver defendendo mudanças em sua comunidade, encontrará novos companheiros de luta — e provavelmente algumas pessoas com quem discutir! Se estiver mudando de carreira, novos colegas estarão lá. Até mesmo ao ouvir bandas de que gostamos ou ver a forma de arte que apreciamos nos aproximará das pessoas que estão em algum lugar pela mesma razão. E como dizem: "Faça o que você ama, e o dinheiro virá." Vamos ampliar isso para: "Faça o que você ama, e o amor virá."

Capítulo 12

Encontro de mentes

Os anos 1960 marcam o ponto onde a fé cega na autoridade se foi para sempre.
— *Steve Deering, doutor em ciências da computação*

Não é de admirar que tantos casais se formem em um ambiente universitário. Além do fato de que há uma população considerável de adultos solteiros, é um lugar maravilhoso para o encontro de mentes. Lembra-se da época da sua vida em que a sua capacidade de pensar praticamente explodiu e você passou a questionar tudo? Lembra como era divertido discutir idéias, desconstruir e reconstruir o mundo dentro da sua cabeça?

Explorar e descobrir a verdade sempre foi atraente. Quando acontece com um parceiro, é ainda mais emocionante. Vocês juntam os seus pontos de vista únicos, fazem ligações, implicam um pouco um com o outro e sentem a intimidade do momento quando as suas mentes se encontram e vocês chegam ao mesmo lugar — se parece bastante com o sexo, não é?

	Mentes parecidas ou "opostos se atraem"?		
	Excita	**Corta o barato**	**Pense em**
Mentes parecidas	Sensação de alma gêmea; você me entende!	Que tédio...	Você pode acender o meu fogo?
Opostos	Boa briga; você me desafia!	Como dá trabalho!	Você pode me respeitar e me ouvir?

A atração de intelectos

Uma boa cabeça é sexy. Pode ser por isso que achamos *estimulante* interagir mentalmente com os outros. Note como pessoas importantes com mentes brilhantes podem se virar mesmo com cabelos esquisitos ou narigões — devo estar pensando em Einstein — e ainda assim serem atraentes. Nós somos atraídos por pessoas que têm algo a oferecer, que podem nos instruir e desafiar, nos fazer pensar e nos ajudar a crescer.

Pessoas inteligentes podem ser de muitas formas. Admiramos Joan Baez pelas suas letras evocativas, Martin Luther King Jr. pela sua capacidade de inspirar. Como essas pessoas eram famosas, tínhamos uma janela para as suas mentes.

Em que você pensa quando a sua mente viaja (*além* de sexo)? Por qual seção do jornal você é atraído? Que livros estão na sua mesa de cabeceira? Como os seus pensamentos são tão familiares para você, provavelmente você nem percebe o quanto sabe. Só recentemente minha amiga percebeu que se preparou a vida toda para ser cineasta. Sempre armou as cenas na cabeça. Ela nota como as coisas são colocadas, o fundo, a iluminação etc. Seus hobbies incluem fotografia, escrever e compor músicas, e ela tem facilidade para identificar talentos. Agora que encontrou um nome para o seu dom, ganhou um novo foco sobre si mesma e pode expor o seu gênio. Quando ela o faz, sua mente é muito atraente!

Alimentando as conversas

Quando nos preparamos para namorar, é um bom momento para afiarmos a nossa inteligência. Tire um tempo para se sintonizar com o seu gênio pessoal — a perspectiva singular que só você oferece. Ao mesmo tempo, nunca é demais estimular os seus pensamentos ao adotar uma área de interesse inteiramente nova. Já percebeu a excitação na voz de alguém que está aprendendo algo novo? Ele parece mais vivo, animado. Estimular a sua mente pode ser tão simples quanto ler uma nova seção do jornal, ou tão desafiador quanto aprender um idioma.

No último réveillon, depois de ficar entediada com os meus próprios pensamentos, decidi aprender mais piadas e também as regras do futebol. Foi divertido fazer parte de conversas depois dos jogos, e até mesmo ter uma opinião para dar! Embora eu ainda precise praticar as minhas piadas para não me esquecer delas, é muito divertido fazer as pessoas rirem. Independentemente do assunto, nos tornamos mais estimulantes quando exercitamos as nossas mentes.

Lugares onde as mentes se encontram

Se o seu trabalho é interessante, as pessoas com quem trabalha provavelmente também são. Na verdade, muitas vezes é no ambiente de trabalho que revelamos as nossas qualidades mais atraentes. Romances de escritório são comuns, embora tenham as suas complicações (envolvendo chefe/subordinado, mal-estar no caso de uma separação etc.). Uma maneira de abrir as suas opções é assistir a conferências e oficinas para a sua área. As pessoas normalmente estão mais à vontade nesses ambientes e podem se concentrar nas coisas que, antes de tudo, tornaram aquele trabalho tão atraente para elas.

E se não for no trabalho, onde mais você poderia encontrar uma pessoa com os mesmos interesses? Não é tarde demais para visitar sua antiga faculdade. Como cada vez mais estamos voltando para a escola, há muitas opções de aulas à noite e nos finais de semana. E, se você não quer lidar com provas de novo, pode entrar em um curso livre.

As melhores turmas para se conhecer pessoas são as pequenas e que dão ênfase à interação. Turmas que incentivam o autoconhecimento são particularmente úteis para eliminar fronteiras. Quer explorar o sentido da vida? Experimente um curso de filosofia.

Além de cursos, muitas faculdades oferecem séries de palestras. Lojas e bibliotecas têm leitura de livros e poesia. E existem muitos eventos para que as pessoas se encontrem em nome de uma causa específica. Como bem sabemos dos nossos tempos de engajados, se unir para apoiar uma causa mútua é uma ótima maneira de se aproximar!

Criando juntos

Se é o lado direito do cérebro que você está querendo desenvolver, existem numerosas aulas que unirão você a outras pessoas, que estão ansiosas para expressarem o seu potencial criativo. Você pode aprender a pintar ou a fazer cerâmica, escrever poesia ou reformar o seu jardim. Quer se exibir? Faça uma oficina de atores ou uma aula de como falar em público.

Por falar em atuar, o teatro amador é uma ótima maneira de se encontrar outros atores. E se você for escalado para uma cena com alguém do seu interesse, pode pegar todo o romance do roteiro para você! Poderá até mesmo praticar um beijo apaixonado — muitas e muitas vezes. Se quer se ligar a pessoas do teatro sem atuar, há muitas funções de trabalho por trás das cortinas, como iluminação, som e cenografia.

Teatro amador é só uma de muitas maneiras de se misturar a um grupo com interesses comuns. Colecionadores se encontram em eventos de trocas, exposições e leilões. O que quer que seja aquilo pelo que a sua mente tem fome, existem outros querendo jantar com você. *Bon appetit!*

Capítulo 13

Parceiros no suor

Você consegue a melhor tacada não por sorte, mas por preparo.
— Roger Maris, jogador de beisebol

Já percebeu como os heróis e heroínas de filmes ficam mais e mais fortes? As academias viraram os points, e roupas de ginástica se tornaram um negócio lucrativo no mundo da moda. Então, vamos ficar em forma!

Malhando juntos

Nunca abandonamos a nossa necessidade de ter companheiros de equipe. Seja o seu esporte tênis ou patins, jogar com alguém não é apenas saudável, é uma ótima maneira de começar um relacionamento. E não precisa inventar assunto ou pensar em uma desculpa para estarem juntos. Você pode se concentrar na atividade e dar tempo para se equiparar ao seu competidor ou parceiro.

Além disso, praticar algo juntos pode ser bastante erótico. Por exemplo: o jogo de sinuca poderia ser *mais* sugestivo? E uma partida de tênis pode ser uma ótima preliminar.

Pessoas ligadas a atividades esportivas estão predispostas a valorizar o próprio físico, ser ativas em outras áreas da vida e estar em boa forma. Praticando um esporte juntos, você pode ter uma idéia de como a pessoa interage.

Avaliando o seu parceiro no esporte

Competitividade — Seu parceiro o desafia? Ele ou ela leva o jogo muito a sério?
Dar e receber — Seu parceiro domina a quadra ou a bola?
Se divertindo? — Seu parceiro faz com que o jogo seja um prazer?
Trapacear — Ele ou ela se aproveita para tirar vantagens?
Senso de humor — Seu parceiro lida bem com o erro em uma jogada e ri de situações engraçadas?

Compartilhando atividades externas

Muitos de nós preferiríamos um encontro ao ar livre, e não um ambiente fechado como o de um bar ou boate. As pessoas que conhecemos ao ar livre tendem a serem ativas e estão menos propensas a ficarem deprimidas (os deprimidos preferem ficar em lugares fechados). Atividades externas são freqüentemente mais baratas do que as em áreas fechadas, como restaurantes e cinemas. A outra diferença é que atividades externas geralmente acontecem durante o dia e permitem mais tempo e espaço para se conhecer o outro. E o romance? O que pode ser melhor do que andar descalço na areia ou deitar com alguém na grama?

Compartilhar atividades externas se tornou mais fácil com o desenvolvimento de trilhas para escaladas e ciclismo, e a internet pode unir pessoas para excursões e caminhadas. Um clube chamado Sierra Club organiza passeios ecológicos no mundo todo e filiais locais podem planejar o que melhor convier. O ecoturismo é uma tendência que vem crescendo e que enfatiza o meio ambiente e presta atenção ao bem-estar de comunidades locais. Você pode contactar o Instituto EcoBrasil para mais informações.

> **Voz da experiência**
> "Conheci uma moça em uma viagem para o Rio em 1988. Nós flertamos um pouco e, quando ela descobriu que eu era péssimo nadador (o que mudou, a propósito), me ajudou e me deu algumas dicas. Eu lembro de um momento em que tínhamos acabado de pegar um jacaré: cheguei até ela e limpei a areia de seu nariz. Ela ficou tão tocada com o meu gesto que namoramos por dois ou três anos."

Mas você não precisa agendar uma viagem para sair e conhecer gente. Só de sair para lugares onde as pessoas pescam, caminham ou até mesmo acampam, é muito provável que apareçam oportunidades para conversas. "Eles estão mordendo a isca por ali?" "Quanto falta para chegar ao topo?" "Que barraca legal." Levar o cachorro para passear é também uma ótima oportunidade de conhecer pessoas, principalmente se o seu cachorro correr atrás do animal de alguém atraente. Se você gosta de aventuras mais radicais, tente um rafting ou se matricule em uma aula de escalada. Ou tente ser navegador, num esporte que precise de orientação por mapa ou bússola. Quem sabe se tornar bom em achar o caminho na floresta o ajude a encontrar pretendentes!

Onde os esportistas se encontram

"**O Clube**": Esses tipos de clubes — de ginástica, country clube, tênis clube — são cheios de serviços disponíveis para os sócios. A vantagem de ser membro de um clube é a oportunidade de socializar

— aulas, eventos e torneios. A desvantagem é que se associar pode custar caro para a média.

Organizações: Existem muitas com esportes e atividades ao ar livre. Para quem gosta de correr, uma opção é se juntar a um grupo de corrida. Sem falar no futebol. Se sua área não tem um clube que sirva para você, pense em fundar um. Organizações nacionais ajudam com diretrizes para a abertura de novas filiais e podem ajudar a entrar em contato com outros membros.

Espaços públicos e estabelecimentos: Apenas sair e usar os espaços públicos já é um modo fácil e barato de cruzar o caminho de potenciais pretendentes. Vá para quadras públicas com um amigo e procure por outras duplas, ou pratique sozinho até aparecer alguém. Corra em pistas de parques, patine, entre em um jogo de vôlei de praia, escale montanhas ou ande de bicicleta. Apenas siga esta dica para conhecer pessoas: vá até onde elas estão.

Você pode argumentar que "ir até onde as pessoas estão" não significa necessariamente que encontraremos alguém. Isso é verdade, mas ficarmos sozinhos só vai garantir que não encontraremos ninguém. Um jeito de aumentar as suas chances de conhecer pessoas é se tornar assíduo. Corra na mesma trilha todos os dias, ou tire a sua hora de almoço em um parque. Nade em uma hora específica do dia. Se tornar assíduo fará com que você se sinta em seu território. Ver alguém algumas vezes torna mais fácil quebrar o gelo.

Capítulo 14

No espírito

Uma alma gêmea é alguém que tem cadeados que combinam com suas chaves, e chaves que combinam com os seus cadeados. Quando nos sentimos seguros o bastante para abrir os cadeados, nosso eu mais verdadeiro aparece e podemos ser completa e honestamente quem somos; podemos ser amados pelo que somos e não pelo que estamos fingindo ser.
— A ponte para o sempre, *de Richard Bach (também autor de* Fernão Capelo Gaivota*)*

Embora o comportamento da geração que sucedeu a de nossos pais tenha provocado bastante publicidade, foram os nossos ideais que causaram o maior impacto — social, política e mesmo espiritualmente. Tradições espirituais orientais — do confucionismo ao zen — enriqueceram as perspectivas ocidentais e nos ensinaram os benefícios da disciplina espiritual. Em outras palavras, nós estávamos procurando mais, e não menos.

Como resultado dessa busca, práticas como meditação, ioga e retiros espirituais se tornaram normais. Também criamos ligações entre as principais religiões, enfatizando como somos semelhantes em nossas diferenças.

Mas aquilo em que acreditamos é tão individual quanto nós. Talvez por causa dessa diversidade, muitos estão buscando a união com alguém em um nível mais profundo, mais atemporal.

Fazendo conexões espirituais

Não queremos simplesmente encontrar alguém, queremos uma conexão. O que isso significa para você pode incluir qualquer um dos itens abaixo ou todos eles:

1. Compartilhar o amor por uma tradição religiosa. Por exemplo, se você foi criado na tradição judaica, talvez se sinta mais ligado a alguém que cresceu comemorando os mesmos feriados, estudou a Torá e sinta uma conexão histórica íntima com a diáspora. Mesmo se vocês acabaram de se conhecer, compartilham uma referência e uma identidade.

2. Vivenciar a conexão de todos nós. Se você acredita que, em algum nível, todos somos um, não se trata de *estabelecer* uma conexão — mas sim de *reconhecer* a conexão que já está lá.

3. Compartilhar uma experiência profunda com outra pessoa. Muitas vezes esse tipo de experiência nos leva além dos limites de nossos corpos. Quer isso aconteça rezando ou compartilhando um orgasmo, transcendemos o nosso eu individual e nos encontramos em um outro plano.

4. Sentir afinidade espiritual com um parceiro. Essa experiência é aquele tipo de "uau" que acontece quando você encontra alguém que parece já conhecer e que ressoa com quem você é em seu íntimo.

Você tende a se ligar mais espiritualmente aos outros quando está sintonizado com o seu próprio espírito. Cada um de nós precisa encontrar o seu próprio caminho, e, quando encontramos, aumentamos as nossas chances de conhecer pessoas indo na mesma direção.

> **Voz da experiência**
>
> "Depois do meu segundo casamento, a idéia de namorar parecia terrível. Eu me sentia como se tivesse passado esse tempo todo tentando ser casado com alguém que não queria ser casado comigo. Comecei a ir à igreja da minha irmã e conheci uma mulher no 'Beijo da Paz', que é o momento na missa em que se cumprimentam as pessoas que estão perto de você. Nós conversamos, nos encontramos mais vezes na igreja, começamos a conversar pelo telefone, e isso se transformou em amor. Hoje ela é minha esposa. Ambos acreditamos que Deus nos uniu naquele Beijo da Paz."

O que é uma alma gêmea?

Embora "alma gêmea" seja quase impossível de definir, normalmente sabemos quando a encontramos. Você se sente aconchegado junto dela — dividem uma intimidade especial. É como se vocês se conhecessem desde sempre. Você preenche as lacunas do seu par porque, de alguma forma, já sabe como. Ou o seu par preenche a sua experiência, porque ele vinha por um caminho paralelo. Talvez você tenha escolhido o caminho mais seguro: estudou, arranjou um bom emprego e seguiu em frente. Seu par, por outro lado, seguiu aquele seu sonho de ser ator, morou em um pé-sujo em Nova York e trocou estabilidade por aventura. Ao se unirem, você podem compartilhar o que viveram e seguir adiante como uma equipe.

Tenha o caminho sido sonho ou realidade, a sensação de que vocês dois o trilharam cria facilmente uma empatia. Almas gêmeas se apaixonam pela parte que está crescendo no outro — o que Carl Jung chamou de "a eterna criança". Talvez seja por isso que amantes se descobrem usando linguagem de bebês e apelidos carinhosos. Almas gêmeas muitas vezes sentem o mesmo tipo de lealdade e proteção de um em relação ao outro que um pai tem pelo filho. Se você acredita que almas habitam diferentes corpos através dos tempos, pode sentir que as suas almas tiveram uma jornada juntas no passado.

Quer vocês se sintam ou não como "metades" naquele sentido antigo, compartilham um futuro em jogo. Muitas vezes existe uma sensação de terem sido feitos um para o outro, de seus destinos estarem interligados. Como dizem as muito citadas palavras do escritor Antoine de Saint-Exupéry: "O amor não consiste em olhar um para o outro, mas em olhar juntos na mesma direção."

Se tudo isso deixou você preocupado se vai conseguir encontrar a sua alma gêmea, relaxe. Nunca existe apenas uma potencial alma gêmea por aí, e você pode ter mais de uma durante a sua vida. Uma alma gêmea pode ficar na sua vida por um tempo até que vocês se ajudem a alcançar o próximo estágio; outra pode ser aquela com quem você quer que a sua história vá até o fim. Alguns lhe dirão para não se preocupar com isso, porque a história vai acontecer de qualquer jeito — apenas curta a jornada. Outros dirão para não se pensar tanto se ela é "a pessoa certa", porque tudo se resume à escolha — "é com você que eu quero fazer esta jornada" —, e então trilhar o caminho.

O que uma alma gêmea não é:
- Alguém que parece familiar porque poderia ter sido um membro da sua família desequilibrada.
- Um parceiro do tipo "eu e você contra o mundo". A hostilidade compartilhada estreita o seu mundo; o desejo compartilhado o expande.
- Um conto de fadas, um relacionamento livre de conflitos.
- Uma garantia.

É importante notar que o relacionamento entre almas gêmeas não é perfeito, mas sim evoluído. Ao se tornar próprio para *ser* uma alma gêmea, você precisa abraçar o processo de resolver conflitos, mudar e evoluir.

Da igreja à ioga: lugares para se encontrar

No que tange encontrar uma alma gêmea, o lugar não é tão importante quanto a intenção. Um dos meus conselhos favoritos vem do filme *O campo dos sonhos*: "Se você o construir, eles vão aparecer." Embora o personagem de Kevin Costner tenha criado espaço em sua fazenda para construir um estádio de beisebol, ele não tinha idéia de quem viria e por que motivo. Se você escutar a voz dentro de você, construir a fundação para os seus desejos e acreditar sem saber, o que for necessário virá.

Os lugares e práticas espirituais são feitos para nos ajudar a limpar a bagunça da vida e a nos sintonizarmos. Eles também podem ajudá-lo a encontrar outras pessoas que estão nessa busca. Isso não quer dizer que você precise ir para um santuário espiritual para encontrar uma alma gêmea. Sabe-se que muitas almas gêmeas se encontraram em bares!

Os melhores lugares espirituais são aqueles onde você se sente compreendido e amado. Para alguns de nós, esse lugar será uma igreja, uma sinagoga, ou uma mesquita. Se pode ser difícil chamar alguém para sair durante uma missa ou culto, igrejas geralmente oferecem muitos lugares para se encontrar outras pessoas, incluindo grupos de estudo, participações em corais e de esportes, eventos sociais e retiros. Se envolver como voluntário colocará você em contato com pessoas que priorizam o trabalho e o envolvimento religioso.

Participar de uma prática espiritual em grupo é uma outra maneira de se fazer conexões. Grupos de meditação e de oração, oficinas de *reiki* e aulas de ioga são apenas alguns exemplos. Também é comum encontrar oficinas "híbridas" e aulas que misturam a psicologia, a criatividade e a espiritualidade, e assim por diante.

Retiros espirituais oferecem a oportunidade de se afastar das distrações do cotidiano e de rejuvenescer. Como as pessoas estão menos na defensiva, os retiros podem ser ótimos lugares para se conhecer gente nova.

Capítulo 15

Indo às compras

Quem quer que tenha dito que dinheiro não compra felicidade simplesmente não sabia onde fazer compras.
— Bo Derek, atriz

O que aconteceu com lugares como aquele barzinho de esquina, onde você podia tomar uma Coca-Cola e encontrar alguém bacana? Ou a lanchonete do campus, onde você podia comer um sanduíche e escutar violão enquanto paquerava os alunos de outras turmas? Em seguida, houve os "açougues", bares onde você sabia que estava em exibição e a diversão consistia em conhecer alguém. Já se passou muito tempo. Onde você pode ter a atenção de pessoas solteiras hoje? Onde podemos procurar uma paquera?

Encontros nos mercados

A boa notícia é que ficamos mais criativos sobre onde encontrar paqueras. Supermercados e delicatessens se tornaram pontos de encontro. Depois de se assegurar da falta de uma aliança, pergunte a um possível pretendente como saber se um abacaxi está maduro.

Voz da experiência

"Depois do divórcio eu considerei dois caminhos: me afastar dos espécimes masculinos ou voltar ao mercado, usando todo o conhecimento adquirido no divórcio e me mantendo em guarda. Me decidi pelo primeiro. Quer dizer, até o dia em que eu estava fazendo compras numa loja chamada Casa&Construção. Meus olhos viram um cara lindo no estacionamento. Em seguida, enquanto eu estava fazendo compras, vi o mesmo cara no final do corredor. Eu sorri, e depois pensei: 'Por que eu fiz isso?' Ele era bastante atraente, e perguntei se ele poderia me dar seu número de telefone — sem pedir o meu, ele disse que gostaria de falar comigo qualquer dia. Rápido assim, em minutos, eu conheci alguém!

Depois contei para a minha amiga sobre esse caso e dei o cartão a ela. Ela o examinou com cuidado, virou e disse: 'Você sabia que ele tinha escrito algo atrás?' Eu peguei o cartão e li alto: 'Para a mulher mais linda que eu já vi, simplesmente arrasadora.' Ela me mandou ligar para ele. Eu liguei, caiu na secretária eletrônica e eu entrei em pânico, mas disse: 'Oi, é a garota do mercado.' (Como isso soou idiota.) 'Obrigada pelo elogio, foi muito legal, espero falar com você.' (De onde essa tinha vindo?! Ai, meu Deus, é o fim!) Isso tinha sido na terça, e nós nos vimos todas as noites daquela semana. Nunca sorrira tanto em muitos anos."

Na verdade, ir às compras sozinho pode ser uma ótima desculpa para começar conversas. Se for a um shopping, você pode até escolher as lojas que combinem com o seu gosto. Procure por lojas de artesanatos ou de informática, pessoas ligadas em lojas de esporte, fãs de comidas orgânicas em lojas especializadas. O segredo é estar disposto a perguntar pela opinião de outra pessoa, dividir uma dica ou pedir orientações (homens que tiverem a coragem de pedir orientações serão recompensados). Muitas vezes, o seu contato não passará de uma conversa rápida e amigável. Vocês seguirão para direções diferentes. Mas quem sabe tiveram uma ligação e ambos sentem que precisam voltar ao lugar onde se viram — para comprar mais tinta ou batatas, por exemplo. Da próxima vez, vocês não deixarão o outro ir embora sem um plano. Ou a conversa sobre laranja-lima é tão estimulante que vocês decidem almoçar juntos para continuar o papo.

Qualquer lugar onde as pessoas se juntem pode ser uma oportunidade. Leve a si mesmo a um jogo de futebol. Muitos de seus ídolos ainda estão por aí; você pode querer assistir a algum show. E freqüente mais e mais lugares de encontros. Só o número de sites direcionados à nossa geração já revela que queremos nos encontrar. Estamos prontos para jogar, e, como sempre, o mercado estará lá para nos servir.

Um bar ideal: o café

Se você quiser silêncio, vá a uma biblioteca. Se quiser ser visto enquanto trabalha, lê, bebe um chocolate, vá para um café. Cafés são ótimos pontos de encontro para fazermos coisas não muito sérias enquanto ficamos abertos a interrupções. Quando assinei o contrato deste livro, adorava escrever no meu café favorito e ter alguém me interrompendo e me perguntando o que eu estava escrevendo. (Nota aos editores: eu normalmente trabalho com cuidado e dispenso interrupções.) Pelo fato de os cafés estarem freqüentemente localizados em livrarias, você pode achar o ambiente mais estimulante (especialmente com um expresso!) do que um bar. Eles tendem a ser mais aconchegantes.

Lugares para solteiros

Se você está imaginando algo assustador como ficar de pé num hall bebendo, comendo amendoins velhos e olhando para pessoas que você realmente acha que *deveriam* ser solteiras, se anime. As opções hoje em dia são vastas.

Se você quer ir para algum lugar exótico, tente uma viagem de solteiros. Milhares de solteiros fizeram do Club Med um lugar interessante para se freqüentar! A idéia de conhecer outros solteiros em uma piscina no Caribe parece interessante.

Sempre existe o bar

Tudo bem, por mais que o aconselhem a não procurar ninguém em bares, há uma boa chance de você freqüentá-los. Por quê? Bares são cômodos: neles as inibições estão baixas e faz parte do código social flertar. E, convenhamos, bares podem ser divertidos.

Em encontros comuns, homossexuais têm o desafio de tentar adivinhar quem é gay e quem não é. Bares de segmentos gays tiram a ansiedade e tornam as coisas mais fáceis.

Então como evitar a armadilha dos bares e, ao mesmo tempo, aproveitar as oportunidades? Primeiro, tenha certeza de que o bar que você vai visitar é um lugar onde se sinta à vontade. Todo bar tem o seu cliente típico — alguns atraem profissionais; outros, jovens; outros são segmentados pela diversão que oferecem. Você pode preferir um lugar que tenha bandas alternativas modernas. Um bar esportivo terá um apelo diferente de uma adega de vinhos. Você pode se sentir mais confortável em um bar onde todo mundo sabe o seu nome. A diversidade de bares hoje aumentará as chances de as pessoas que você encontrar compartilharem os seus gostos.

Em segundo lugar, vá com um amigo ou com um grupo de amigos. Amigos o ajudam a ficar mais confortável, podem agir como pombos-correio (os *scouts*) e são uma ótima desculpa se você precisar despistar alguém. Discuta com o seu amigo se há algum problema se você for conversar com um paquera. Tudo bem ir para casa em horários diferentes, ou vocês combinaram de voltar juntos? Conversar sobre isso antes ajuda a evitar mal-entendidos.

Esteja atento à vulnerabilidade. Todos sabemos que beber afeta o raciocínio, então conheça os seus limites. Se você não é bom em dizer não, pratique uma desculpa com antecedência — ou planeje algo com que o seu amigo possa salvar você. Não se coloque em situações difíceis, como pegar carona com alguém que você acabou de conhecer.

Finalmente, divirta-se!

Capítulo 16

Casamenteiro, casamenteiro

Ele a ama! O amor é um novo começo. Nossos velhos hábitos já foram novos, não foram? Agora, eles decidem sem os pais, sem o casamenteiro! Até Adão e Eva não tiveram alguém para dar uma forcinha? Ah, claro que sim. E parece que estes aqui tiveram a mesma sorte.
—Tevye, sobre o noivado da filha em Um violinista no telhado

No musical da Broadway *Um violinista no telhado*, Tevye teve que abrir mão da tradição de formador de pares, pois as suas filhas encontram os seus próprios. As tradições ditavam que o casamenteiro da cidade formasse os pares e o pai aprovasse, mas os tempos mudaram. Na peça, Tevye finalmente reconhece que o amor pode ser o melhor casamenteiro.

Para a maioria de nós, a idéia de casamento arranjado parece bastante estranha. Nos orgulhamos da nossa auto-confiança e podemos nunca pensar em pedir ajuda para encontrar alguém. Mas existe espaço para um entendimento entre a idéia de Tevye de formar pares e a idéia de caminhar sozinho. É por isso que prefiro pensar como "pombos-correio" — pessoas que podem ajudá-lo a encontrar pessoas para namorar. Eles não carregam a responsabilidade de encontrar um par para você — é você quem carrega. Eles apenas aumentam as suas perspectivas.

Usando os *scouts*

Seus pombos-correio podem ser qualquer pessoa — e todo mundo — que você conhece. Pegue um pedaço de papel e comece a lista. Os amigos são ótimos porque sabem o que você quer. Escreva o nome de todos os que você pode lembrar — homem ou mulher —, de seu melhor amigo até um conhecido. Não se envergonhe, pois membros da família podem ser recursos também. Liste alguns — e inclua os membros mais distantes da sua arvore genealógica — que poderiam servir como *scouts*. Algumas vezes membros da família o entendem melhor do que você imagina! Além disso, agora, estamos falando em quantidade — você sempre pode corrigir mais tarde.

Depois, liste pessoas com quem trabalha. Em seguida pense em pessoas que conhece através de atividades compartilhadas e envolvimento comunitário. Se você tem um grupo de corrida, inclua esses contatos. Se vai para uma igreja ou sinagoga, terá contatos lá também. Pense em uma semana normal e nas pessoas que você encontra. Escreva quantos nomes conseguir. Mantenha a lista à mão, porque é provável que novos nomes lhe venham à mente.

Apenas olhe a lista e aprecie o fato de que você tem recursos. E agora? Dependendo do seu estilo pessoal, você pode preferir abrir uma rede de contatos ou apenas selecionar seus pombos-correio. Vamos dar uma olhada em alguns destes métodos:

Abrindo uma rede de contatos

Com as mudanças do mercado de trabalho, expressões como "fortalecimento da equipe" e "rede de relacionamentos" tornaram-se palavras familiares. A lógica por trás da rede de relacionamentos é que, quando idéias são espalhadas, energias são aplicadas simultânea em vez de consecutivamente.

Essa sabedoria também se aplica a encontrar relacionamentos. Por que se limitar ao que está ao seu alcance quando você tem uma rede de relacionamentos procurando por você? Sabemos que amigos podem conectá-lo a oportunidades que talvez você não achasse possíveis.

Como desenvolver uma rede de relacionamentos? Uma palavra: pergunte. Pegue sua lista de pombos-correio em potencial e peça às pessoas para ficarem de olho por você. Depois, pergunte se podem dar uma checada com amigos *deles*. Você não precisa agir desesperadamente. Simplesmente deixe seu contato ciente de que você está começando esta nova fase e que quer conhecer o máximo de pessoas que puder.

Está com vergonha? Sei como você se sente. Tenho tendência a evitar perguntas. Quando finalmente me rendo, é, em geral, embaraçosamente simples. Eu pergunto, eu recebo.

Você pode se surpreender com o que o simples ato de perguntar faz. As pessoas geralmente gostam de ser solícitas. Gostamos de fazer a diferença na vida de alguém. Faz com que nos sintamos melhor em relação a nós mesmos. Depois, você pode conseguir mais do que uma apresentação ou duas. Ouvir histórias que vão fazê-lo sentir-se menos sozinho e talvez uma dica ou outra. Mesmo que isso não ajude muito, é bom saber que as pessoas estão aí por você.

Para ter resultados, você deve fazer as coisas o mais simples possível para seu pombo-correio. Se tem certos paradigmas para potenciais relacionamentos, como faixa etária, fumante ou não fumante ou se tem aversão a alguma coisa, deixe os seus mensageiros saberem.

Se um mensageiro tem alguém em mente, ele ou ela provavelmente terá idéias sobre onde você pode achar quem procura. Mas tenha suas próprias idéias prontas. Se for alguém com quem seu amigo trabalha, ofereça-se para almoçar com eles. O ambiente de trabalho torna tudo mais discreto. Ou você pode se oferecer para passar na casa de seu pombo-correio na hora que seu pretendente estiver lá. Você pode até mesmo descobrir onde ele costuma passear e observá-lo antes de conhecê-lo de fato.

> **Voz da experiência**
> "Nunca dispense um encontro às escuras. Uma amiga minha era garçonete e conheceu um cliente. Ela me ligou e me falou dele. Disse: 'Você tem que vir agora.' Eu estava fazendo sala para um outro amigo e avisei a ela que não poderia ir. Ela me perguntou se poderia dar meu telefone para ele. Eu disse que sim. Quando ele me ligou, comentou: 'Sua amiga falou que eu seria louco se não convidasse você para sair.' Então eu disse: 'E eu seria louca se não dissesse sim.' Nós saímos para tomar café-da-manhã. Sair para tomar café é ótimo — experimente. Comemos omeletes gordurosos... e agora estamos casados. Minha amiga viu isso imediatamente e eu fico feliz por ter confiado nela.

A grande questão de uma rede de relacionamentos é aumentar as oportunidades. Quando *scouts* cruzam caminhos com alguém que também está à procura de alguém, seu nome surge. Depois de começar a prática em psicologia, liguei para meus contatos para pedir que se lembrassem de mim para trabalhos. Um terapeuta ligou mais tarde naquele dia e disse: "Acabei de receber a ligação de um cliente que eu vou ter que passar para você. Você estava fresquinha na minha mente porque tinha me ligado mais cedo. Obrigado!" Ele tinha uma fonte. Eu tinha um novo cliente. Lembre-se: você não está apenas procurando por relacionamentos, está se tornando alguém em potencial para outros.

Trabalhando com pombos-correio selecionados

Se pedir por aí parece demais, você pode querer grudar em um ou dois amigos próximos para ajudá-lo. A vantagem é que seu amigo sabe o que você gosta e o que não gosta. Eles também podem estar em uma posição melhor para saber do que você *precisa*. Estiveram com você quando as coisas não estavam tão bem, e conhecem sua vulnerabilidade.

Evitando situações delicadas

Quando você trabalha com pessoas do seu círculo social, existe sempre a possibilidade de haver mágoas e ressentimentos. Por exemplo, seu mensageiro e seu pretendente podem ser muito próximos. Nesse caso, a rejeição pode causar constrangimento.

A primeira regra é manter as coisas leves e casuais. Enfatize que só quer conhecer pessoas por enquanto, e se eles puderem ajudá-lo com isso, ficará grato. Você pode acrescentar que não se sente pronto para tomar decisões até ter uma idéia das possibilidades.

Em seu grupo mais próximo, prever e falar sobre seus interesses pode evitar mal-entendidos mais tarde. Por exemplo, se sua melhor amiga se orgulha das próprias habilidades de juntar pares, fale para ela como você se sentirá se não conseguir dar certo com a escolha dela. Diga a ela que você realmente quer a ajuda, mas que também quer ser livre para dizer não caso não fique confortável.

É provável que sua amiga já saiba disso, mas falar a respeito pode libertar vocês da ansiedade. Por exemplo, ela pode estar preocupada sobre como você vai se sentir caso a escolha dela não responda às suas expectativas. Uma vez que estas preocupações são discutidas, vocês podem seguir para a parte boa — falar sobre a pessoa dos seus sonhos e conspirar juntos.

E se os seus *scouts* continuarem não acertando? Se for um amigo próximo, você pode falar sobre isso, manter o assunto claro. Você pode agradecer e dizer que quer um tempo (sem mencionar que é um tempo das indicações dele) ou dizer que estava procurando por algo diferente. Você precisará desenvolver um arsenal diplomático de desculpas, isso será uma boa prática.

Uma outra medida preventiva é abraçar a rejeição. Se você é escritor, sabe do que estou falando. Quanto mais você se abre a possibilidades, mais se expõe a rejeições. Não se pode ter uma sem a outra. É por isso que autores de sucesso normalmente têm uma lista impressionante de rejeições (ou teriam se eles se preocupassem em listar), e pessoas que tiveram ótimos encontros têm também muitas histórias sobre pretendentes que foram embora e aqueles que elas próprias tiveram sorte de deixar. Como dizem, "se você não está sendo rejeitado, não está tentando bem." E há também as rejeições que *você* faz. Se você aceitar a realidade das rejeições, em vez de lutar contra elas, liberará muita energia para as coisas boas.

O contrato honesto

Uma situação bastante delicada e sobre a qual nós ainda não discutimos aqui é o caso de um amigo não querer ajudar. Isso pode apenas significar que ele não está confortável ou não tem habilidade na tarefa de juntar pessoas. Ele também pode estar preocupado com as possibilidades de que falamos acima, e conversar sobre isso pode esclarecer tudo. Ou talvez seja algo mais. Se você realmente quer ajuda dos seus amigos, abra-se às preocupações deles. Se você pedir honestidade, pode não gostar do que vai ouvir. Talvez seu amigo não ache que você esteja pronto para namorar de novo. Ou talvez — ai — exista uma razão pela qual ele está relutante em indicar você. Ele pode achar que você relaxou, ou se preocupar com algum traço incômodo em você — que ele aceita, mas que seria obstáculo para um novo relacionamento.

Um bom amigo pode até mentir para você quando você precisar. O único jeito de ter uma opinião honesta é pedindo. Talvez não haja notícias ruins, o que evita que sua imaginação crie fantasias. Ou você pode discordar de seu amigo e usar sua relutância como incentivo para "mostrar a ele". Ou talvez se preocupar com o que ele diz e se preparar para fazer algumas mudanças.

Um lugar que tem um contrato honesto, sem a ligação interpessoal, é o consultório de terapia. Se um terapeuta provavelmente não está apto a dizer se acha você atraente, poderá ajudar você a se enxergar honestamente. Ironicamente, quanto mais tentamos ignorar nossos traços mais indesejados, mais força eles ganham. Meu próprio terapeuta me colocou face a face com meus pontos fracos e isso doeu. Mas, uma vez que fiz isso, pude perceber a beleza que os outros viam em mim.

Capítulo 17

"Procura-se um namorado": usando anúncios

... o novo e não experimentado pode ter um apelo mais infinito do que uma imitação palpável do já provado.
— *Rod Serling, ator*

Colocar um anúncio nos classificados pessoais pode ser uma das coisas que você jurou que nunca faria. Agora você está pensando o contrário, e está entrando na zona dos anúncios, aquele lugar onde a distinção entre fantasia e realidade nem sempre é óbvia.

Onde anunciar

Anunciar hoje em dia pode literalmente alcançar os extremos da Terra. Desde que a internet surgiu, há mais opções do que nunca. Anúncios on-line estão explodindo em popularidade. No entanto, muitos de nós ainda gostamos da sensação do papel e da tinta.

Ao escolher onde anunciar, pense em quem lê o quê. Jornais são ótimos, porque muitas pessoas os folheiam. Bem, essa é a desvantagem também. Se você quer lançar uma rede ampla, os grandes jornais da sua cidade lhe renderão muitos contatos. Por outro lado, provavelmente é uma boa evitar os jornais gratuitos e guias de entretenimento. A rede que você lançar neles incluirá qualquer um que por acaso passe na rua.

Se você optar por um anúncio de jornal, considere a área de circulação e o tipo de pessoa que o leria. Outra opção que você pode não ter considerado são os periódicos especializados. Revistas muitas vezes vêm com uma seção de classificados pessoais.

Me escolha! Escrevendo um anúncio eficaz

O desafio — e é um grande desafio! — de escrever um bom anúncio é capturar *você*. Como pôr em palavras as qualidades que o tornam único e adorável? Depois vem o desafio de escrever o que você quer em um parceiro. (Se está muito difícil, pode ser que você prefira pular para o Capítulo 21.) Aí você precisa botar tudo isso em poucas linhas! Antes de se matricular em um curso de jornalismo, veja as dicas seguintes:

• Use uma linguagem que seja específica e descontraída. "Aparência nórdica" tem mais possibilidade de atrair atenção do que o batido "atraente". Termos como longas pernas, curvas, mignon ou musculoso ajudam a comunicar uma imagem de forma corporal. Use um nome de cor mais específico para sua pele (amêndoa) ou olhos (jade). Em vez de dizer que você gosta de filmes, refira-se a um ator, diretor ou filme favorito. Por falar em filmes, já reparou que muitas vezes são as manias bonitinhas que ganham o coração de alguém? As descrições a seguir são específicas o bastante para descrever pessoas reais:

"Emocionalmente inteligente, péssima em trívia. Hipnotizada pela lua cheia, neon e homens atraentes."

"Viajante de final de semana com habilidades emocionais melhoradas busca mulher inteligente que curta política e possa suportar futebol."

"Procura-se um namorado": usando anúncios

> *"Eu posso ser, e já fui, muito atraente e bem-comportado em um jantar de negócios na cobertura do Copacabana Palace, mas provavelmente seria mais feliz escalando pedras para sentar sob uma cachoeira."*

- Mostre quem você é através da sua escrita. Se você é uma pessoa que vai direto ao ponto, seu anúncio será direto e curto. Meu irmão é major general no exército, e escreve como se estivesse comandando tropas, usando uma linguagem poderosa e letras maiúsculas. Posso visualizar a imagem da estatura e eficácia quando leio seus escritos. Se você for poético, escreva em verso. Se você for engraçado, *seja* engraçado (em vez de dizer "bom senso de humor"!). Em vez de dizer que é inteligente, escreva bem. Nesse exemplo em formato de jornal, essa mulher não só diz que está "de bem com a vida", seu escrito simples e descomplicado *mostra* isso:

> **"De bem com a vida,**
> *Solteira e bonita, livre de preocupações, procurando um homem engraçado e cheio de energia para compartilhar a vida e as suas ironias."*

Calor humano e idealismo, além de uma noção de tempo, transparecem neste exemplo de anúncio que é a nossa cara:

> **"Podemos falar sobre amor?"**
> *Você ainda está à procura de um amor? Eu também. Se você é aberta e inteligente, bonita por dentro e por fora e quer dar uma chance ao amor, experimente-me. Tenho 50 anos, cabelo comprido, e há espaço em minha vida para um relacionamento. Se você ainda acredita no amor, eu tenho muito dele para dar."*

- Seja honesto. Não minta sobre sua idade, nem alegue ser "nota 10", perfeito. Por que se preparar para perder tudo no primeiro encontro? Embora possa estar tentando causar uma boa impressão, anúncios com descrições pessoais longas podem sair pela culatra e fazer você parecer um narcisista. Este exemplo de anúncio demonstra a tendência a se empolgar com adjetivos:

"Criativa sempre

Mulher amante da vida, cheia de gás, apaixonada, entusiasta, dotada, de 48 anos, alta, magra, cabelos castanho-avermelhados e com experiência em artes performáticas busca homem aberto, espiritualizado, criativo, cheio de vida e pronto para um relacionamento com quem compartilhar uma gama de experiências, de excursões naturais a banquetes culturais a noites de preguiça em casa."

- Verifique sua ortografia e gramática!

Você também pode usar essas estratégias ao preparar sua mensagem de voz e, para quem busca on-line, ao completar seu perfil.

Comprando os anúncios

Você não precisa escrever um anúncio para tirar proveito deles. Cheque os anúncios por aí e veja o que encontra. Se você se sentir atraído por um anúncio, leia-o! Lembre-se, você está numa zona nebulosa, então ainda tem que descobrir quanto do anúncio é verdade e quanto é ficção. Quando decidir responder, apenas ligue para o número dado e ouça uma mensagem pré-gravada da sua possível paquera. Você vai sentir um pouco mais da pessoa pelo tom de voz. Agora você pode decidir se quer desligar ou deixar uma mensagem. Se deixar uma mensagem, *não deixe o sobrenome nem telefone de casa ou do trabalho*. Se não tiver celular, compre um antes de ligar.

> **Voz da experiência**
> "Quando respondi a um anúncio, o homem na mensagem mencionou que estava procurando mulheres entre as idades de 45 e 55. Eu tinha 56. De qualquer maneira, deixei uma mensagem, dizendo: 'Oi, Bill. Que pena para você. Eu tenho 56. Acho que sou velha demais, mas você está perdendo! Se ainda quiser explorar algo com uma mulher *velha*, me ligue.' A minha foi a única mensagem que ele respondeu! Nós curtimos o namoro, e ele era louco por mim, mas depois eu segui adiante."

Quando deixar sua mensagem, é a sua vez de se vender. Ser alegre e agradável fará maravilhas. Se puder incluir um pouco de humor, melhor ainda.

Mantendo a segurança

Postar e responder a anúncios põe você em contato com estranhos. Por mais que se sinta à vontade em relação ao que diz uma pessoa, você não sabe realmente nada sobre ela até vocês se encontrarem. É a aventura, mas vamos mantê-la uma aventura *segura*. Aqui está como:

- Quando colocar ou responder a um anúncio, nunca dê informações que possam fisicamente levar a você. Isso quer dizer: nada de sobrenome nem endereço e, como mencionado acima, nada de telefone de casa ou do trabalho. Use um celular com caixa postal para receber mensagens e para ligar. Senão, pessoas com identificador de chamadas podem descobrir quem você é. (Peça à operadora para não permitir que seu número seja identificado.) Por outro lado, um identificador de chamadas pode ser útil para você. Tenho um amigo que, depois de um encontro infernal, colocou no número da mulher uma mensagem para ele mesmo: "Não ligar."

- Não parta do princípio de que seu pretendente é solteiro. Confirme isso por telefone antes de vocês se encontrarem.
- Quando decidirem se encontrar, marquem um encontro rápido em um lugar público, e cheguem e vão embora separadamente. Os parâmetros para esse tipo de encontro rápido e descompromissado são descritos no Capítulo 20.
- Nunca deixe sua bebida nem sua bolsa sozinhas sem ninguém tomando conta.
- Não use roupas reveladoras no primeiro encontro.
- Ofereça-se para pagar sua parte das despesas. Assim, você não sente nenhuma obrigação.
- Confie em seus instintos. Se uma coisa não parece estar bem, não está. Não peça nem invente desculpas, apenas diga que você tem que ir, e *vá*.

Você pode se surpreender com tudo o que aprendeu nessa experiência de usar anúncios pessoais. Você se torna um publicitário, escritor e comprador, tudo ao mesmo tempo. Você provavelmente também desenvolverá um senso de humor muito bom. Sem dúvida terá uma aventura. E, quem sabe, poderá até chegar em casa com um presente vivo de verdade!

Em seu divertido livro *My 1,000 Americans* [Meus 1.000 americanos], a autora britânica Rochelle Morton leva a paquera ao extremo. Durante um ano, ela se encontrou com 1.000 homens que responderam a um anúncio que publicou em quatro jornais dos EUA. E esses homens eram apenas um subconjunto aleatório dos que ligaram! Tenha em mente que ela filtrou apenas aqueles que pareciam ameaçadores ou obviamente pervertidos. Aqui está o que descobriu:

1. Uma porcentagem substancial dos homens com quem se encontrou era de casados. Eles se sentiam no direito de ter novos relacionamentos porque a esposa tinha ficado desleixada; parado de limpar a casa ou de agradá-los sexualmente; não se importava; estava viajando. Um desses "aspirantes a fornicador" era pastor!

2. Sua imaginação não pode cobrir todos os fetiches e fantasias esquisitas que alguns homens querem que você realize. É surpreendente o número de homens que querem fingir que são bebês. E basta dizer que o sadomasoquismo está vivo e bem!

3. Presos respondem a anúncios (ela não se encontrou com eles).

4. Existem muitos homens que desafiam qualquer categorização, como um que estava vestido com uma roupa de rei completa, com coroa, e o que tinha que rearrumar seus ovos porque havia quebrado uma gema prematuramente e temia que as conseqüências fossem terríveis.

5. Existem alguns bons por aí que não estão comprometidos!

6. Ela "nunca se divertiu tanto"!

Capítulo 18

MeNamore.com.br

Minha agência de namoros virtuais encontrou um perfeito cavalheiro. Mas eu ainda tenho três outras chances.
— *Sally Poplin*

Embora muito provavelmente você já tenha ouvido falar em namoros pela internet — se já não namorou assim — ainda pode achar que é um pouco estranho. Namoros pela internet não são mais limitados a nerds e viciados em bate-papos da madrugada. Acabei de fazer uma pesquisa no Google usando as palavras-chave "agência de encontros online" e apareceram 2.200.000 resultados! Essa indústria de namoros vem explodindo enquanto a demanda continua aumentando. Por quê? Porque namoro vem ao encontro de nossas necessidades. É acessível, barato, e podemos paquerar mesmo vestindo pijama ou roupa de ginástica. Namorar pelo computador é particularmente atraente para aqueles que querem voltar ao mercado depois de um longo relacionamento, porque os seus círculos sociais, especialmente os de solteiros, diminuíram. A rede nos dá acesso quase instantâneo a um grande número de possibilidades. E, sem restrições geográficas, podemos literalmente procurar nos quatro cantos do planeta!

Computadores e o amor

Em *2001: Uma odisséia no espaço*, o computador HAL9000, carinhosamente conhecido como "HAL", cantava a antiga canção romântica, "Daisy, Daisy" para se despedir. O que talvez você não saiba, no entanto, é que essa foi a primeira canção já cantada por um computador. A Bell Labs, que fez experimentos com fala computadorizada-sintetizada no começo dos anos 1960, fez a mágica. Assim, a primeira canção já cantada por um computador foi uma canção romântica. Profético, não?

Navegando por serviços de internet

Com tantos sites, decidir qual serviço usar pode ser quase impossível. Uma maneira de facilitar as coisas é se concentrar em um grupo específico com o qual você se identifique. O que você pensar, a internet tem. Vá ao site de busca e digite "namoro pela internet" e "judeu", "cristão", "hindu", "gay", "lésbica", "maduro", o que quer que se encaixe com você. Mesmo com o campo reduzido, tenha a certeza de que encontrará milhares de opções.

Outra abordagem é perguntar por aí. Você pode ficar surpreso ao descobrir que alguém em sua rede de amigos tem ou está usando um serviço on-line. E ganhar com a experiência deles.

Outro critério que você pode usar é o custo. Existem muitos sites grátis disponíveis, e outros que oferecem períodos gratuitos de teste ou convidam você a participar de graça, desde que não escreva para ninguém primeiro. Mas mesmo os serviços pagos são uma fração do custo dos serviços de namoros fora da rede.

Ao pesquisar os vários serviços, use o bom senso. Você quer um site com uma boa aparência, que tenha instruções simples, e com inúmeros membros. Também há um pouco de sedução envolvida na escolha de um site — a apresentação vai lhe dar uma amostra dos valores que o site enfatiza. Por exemplo, se você não quer mensagens pornográficas, fique longe de sites com conteúdo "adulto". Ao procurar, tenha em mente que você pode se inscrever em vários sites.

Depois que se decidir por um, precisa entrar com o critério de busca por paqueras em potencial. No mínimo, vai querer especificar sexo, faixa etária e lugar. Alguns sites também oferecem "busca reversa", que encontra membros que estão interessados no *seu* conjunto de qualificações. Essa é uma maneira de alimentar sua curiosidade sobre quem pode estar interessado em você. Mas antes de continuarmos...

Palavra de aviso

Vamos encarar: existem alguns malucos por aí. Assim como em outros tipos de anúncios de namoro, haverá pessoas casadas, alguns fetichistas, e um ocasional criminoso. Mas, como na população em geral, a maioria das pessoas é legal. Aqui está como se proteger contra os piores:

- Reveja e siga as precauções de segurança para usar anúncios em geral (ver Capítulo 17). Principal: não dê qualquer informação que possa levar fisicamente a você — ponto final.
- Nunca use o seu nome verdadeiro como apelido, e não use o mesmo apelido que você usa para outros objetivos. Lembra a regra de "nada de dados específicos" que Kathleen e Joe seguiam no filme *Mensagem para você*? Bom precedente.

Apelidos, fotografias e pesquisas

Embora fotos sejam opcionais, você precisa de um apelido (como um codinome) para se identificar. Como seu apelido é a primeira dica que você dá a respeito de quem você é, escolha um bom. Além disso, veja se consegue capturar a chave para os seus atrativos. Alguns conselheiros mandam se ater a descrições físicas e outros sugerem uma coisa que comunique algo essencial sobre você. Então depende de você se prefere ficar com OlhosAzuis52 ou Monet49, ou algo como Partidão_44. Infelizmente, por mais que palavras como "divertido" e "brincalhão" possam descrever muitos de nós, eles podem ser interpretadas como "estou pronto para envolvimento sexual". Nem todo mundo usa a idade como parte do apelido; às vezes os números são usados só para personalizar o nome. Para sentir o que há por aí, pesquise.

> ### Jargão para os não iniciados
> **Bloqueio**: uma função on-line que impede que os outros saibam que você está on-line. Se você não quer que seus possíveis paqueras saibam que você está em casa em um sábado à noite, isso pode ser útil.
> **Sala de bate-papo**: um site preparado para, bem, bater papo. As conversas acontecem em tempo real, significando que você digita uma mensagem e ela é postada com seu nome de exibição, e depois outros podem responder, e por aí vai. Você pode ir e vir à vontade.
> **Sexo virtual**: exatamente o que você está pensando que é.
> **Emoticon**: uma tentativa de preencher o vazio emocional no ciberespaço (HAL teria adorado isso!). Como seu parceiro de e-mails não pode ver você sorrir, você envia um ☺. Você pode encontrar listas inteiras de emoticons on-line, mas eu não me esforçaria muito. Muitas pessoas consideram irritantes aqueles ☹.
> **Mensagens instantâneas (MI)**: Alguns de nós as definiriam como um pé no — você sabe onde. É um modo de uma pessoa pular no canto da tela do seu computador com uma mensagem e tentar interagir com você em um bate-papo. MIs podem não funcionar se o firewall do seu computador estiver bloqueado o programa. Ou, se você não quiser que uma determinada pessoa pule na sua tela, você pode ir à sua "lista de contatos" e bloquear essa pessoa.

Por fim, seja honesto. Não use "parecido com Tom Cruise" a não ser que mais de uma pessoa já tenha confundido você com ele. Por que preparar o terreno para uma paquera em potencial se decepcionar mais tarde?

Agora, vamos ao assunto das fotos. Embora fornecer uma imagem seja uma opção, a maioria das pessoas o faz e as quer. Paqueradores mais ativos às vezes não querem ser reconhecidos, mas muitos ainda optam por fornecer uma foto. Pessoas com fotos recebem mais respostas, e alguns usuários limitam suas buscas a "mostrar apenas membros com foto". Justificada ou não, a ausência de uma foto tende a levantar suspeitas.

Por outro lado, já conversei com pessoas que escolheram não começar pela impressão física. Elas não querem mostrar uma foto, e não estão muito interessadas em ver fotos. Isso só prova que existe espaço neste mundo para todos nós!

Voz da experiência

"As pessoas se apresentam da melhor forma possível quando namorando pela internet. Você tem que perceber que a maioria das pessoas não tem uma visão muito realista de si. E, vamos admitir, procuramos na internet quando estamos muito necessitados de uma coisa em comum. É fácil se impressionar com uma pequena semelhança e perdoar as grandes diferenças até vocês se encontrarem, e depois é... Argh! Apenas não deixe os seus desejos esconderem a realidade."

Certifique-se de que a foto se parece com você. Claro que quer usar uma foto boa, mas, assim como diretores escolhendo um elenco ficam irritados quando um ator não se parece com a foto que enviaram, sua paquera não vai gostar de propaganda enganosa (e nem você!). Peça a alguém com uma câmera digital e alguma habilidade fotográfica para tirar uma foto sua de rosto inteiro e da cintura para cima, ou escaneie uma foto *recente* de que você goste. Evite usar a webcam, já que elas têm fama de dar resultados não muito satisfatórios. A foto pode na verdade ser o melhor lugar para concentrar suas energias, porque, goste ou não, elas são o que parecem. E lembre-se: um bom sorriso pode fazer maravilhas!

Além de apresentar um apelido e uma foto opcional, você precisará preencher um formulário com o seu perfil. A maioria dos conselheiros lhe diria para não se desesperar com isso, pensando na grande variedade de usuários ao preencher o maior número de campos que você desejar expor. É claro, seja prudente com os critérios com os quais você realmente se importa, como gênero, fumante versus não fumante, filhos ou sem filhos, preferência de idade. E não, não é obvio que você esteja procurando uma pessoa solteira — diga! O perfil geralmente inclui um ensaio pessoal, e juntos eles compõem seu anúncio. Veja o Capítulo 17 para dicas sobre anúncios eficazes. Embora você tenha mais espaço on-line do que em um anúncio impresso, não faça uma dissertação — você parecerá empolgado demais e correrá o risco de entediar seus pretendentes.

Assinar um serviço on-line é muito fácil — é só se inscrever, fornecer seus dados e pagar uma taxa (se houver). Mas, como a indústria do namoro on-line fica cada vez mais competitiva, alguns serviços começaram a fazer a sua própria seleção. Alguns alegam oferecer pretendentes melhores por serem seletivos. Por exemplo, o eHarmony.com, que foi fundado por um psicólogo clínico, tenta excluir mentirosos e perdedores com testes de personalidade. Outros serviços almejam um grupo exclusivo, como aqueles formados por pessoas com salários acima de 100.000 dólares anuais (realçados como os "milionários" em MillionaireMatch.com).

Subindo ao próximo nível

Existem quatro níveis de namoros on-line. O primeiro é fazer contato por e-mail, o segundo é o telefonema, o terceiro é o encontro "cara-a-cara" (ver Capítulo 20), e o quarto é o encontro propriamente dito.

Uma vez que você tenha enviado suas informações pessoais, poderá ver informações sobre as pessoas que combinam com você. Se quiser conhecer alguém melhor, envie um e-mail. Uma nota às mulheres: alguns conselheiros dirão para não tomar a iniciativa entrando em contato com homens; existem evidências de que mulheres têm mais sucesso quando esperam e então respondem. Por mais que nossas tecnologias tenham se desenvolvido, parece que muitos homens ainda apreciam a caçada. Outros conselheiros dizem que a regra do "não tome a iniciativa" é besteira, e notam a ironia de se dar o trabalho de assinar um serviço e bancar a difícil. Use esses conselhos conflitantes como uma vantagem, e decida por si mesma. Afinal, a melhor maneira de achar um par é ser quem você é. Se por acaso curte a mística feminina, deite de pernas para o alto e espere. Se gosta de ir atrás do que quer, então vá, garota! Aqueles homens que ainda estiverem inseguros vão ficar gratos.

Também fico impressionada com o quanto são polarizados os conselhos em relação a quando seguir para o nível três. Alguns dizem para ir o mais rápido possível para o contato telefônico e logo em seguida se encontrar pessoalmente. O argumento aqui é que somente através do contato propriamente dito é que vocês vão realmente sentir um ao outro, então por que perder tempo jogando conversa fora on-line?

O outro modo de pensar, mais comum, é esperar. Pergunte e responda muitas coisas antes de mergulhar de cabeça. Assim você vai reduzir o campo e sentir mais a pessoa com quem está teclando. Ironicamente, o mesmo argumento sobre perder tempo pode ser usado aqui: por que se dar o trabalho de fazer contato de verdade com muitos quando você pode selecionar mais on-line, e depois ainda mais pelo telefone?

Tenha em mente, no entanto, que, até vocês se encontrarem, ainda estão na zona do crepúsculo. Algumas pessoas mentem, e alguns de nós vemos o que queremos ver. Uma mulher que se descreva como "loira alta de olhos azuis" terá homens esperançosos imaginando uma Gisele Bündchen — independentemente de como seja a foto. Se apenas os olhos azuis forem mencionados, nós mulheres ficaremos imaginando um Brad Pitt. Como no teste Rorschach usado na psicanálise, enquanto a informação for ambígua — e sempre é —, existirá espaço para projetarmos as nossas próprias imagens. O que significa que sempre haverá lugar para as decepções.

Geralmente, existe uma zona neutra entre fantasiar em uma relação on-line e correr para o primeiro encontro. E, mais uma vez, tudo depende do seu estilo pessoal. E se você for do tipo "ver para crer", que gosta de agir, pode querer intensificar as coisas um pouco antes da hora. Apenas tome cuidado. O Capítulo 20 vai lhe dizer o que precisa saber sobre preparar seu encontro.

Por outro lado, se precisa de tempo, espere e curta cada fase. Além do mais, um pouco de mistério pode ser divertido! E, qualquer que seja seu estilo, não faça nada antes de estar pronto.

Capítulo 19

Casamenteiro profissional

Você chega ao amor não ao encontrar a pessoa perfeita, mas ao ver a pessoa imperfeita seriamente.
— *Sam Keen, escritor*

Com a popularidade do namoro virtual, você pode pensar: "As pessoas ainda estão usando os serviços tradicionais de namoro?" Sim, a nossa geração está. No início do ano de 2003, um meio de comunicação americano publicou: "Serviços de namoros atraem adultos e idosos: o atalho ideal para o romance de algumas pessoas." O artigo mostrou que alguns de nós encontramos alguém com o auxílio de um profissional, porque temos mais dinheiro do que os mais jovens, podemos preferir manter nossa privacidade e gostamos de consultar especialistas. Se você tem um personal trainer e um consultor de compras, por que não um serviço de encontros profissional? Vamos dar uma olhada em que tipos de pessoas estão fazendo essas escolhas.

Quem usa o serviço?

Primeiramente, serviços de namoro fora da internet são caros, então as pessoas que os usam normalmente têm dinheiro. Alguns casamenteiros cobram por volta de quatro mil dólares a vinte cinco mil dólares, e os serviços cobram quatro mil por associação anual. (Compare isso com o máximo de seiscentos dólares por ano em serviços virtuais!) Então, se você está mirando o *jet set*, achou o seu lugar.

Pessoas que usam serviços profissionais podem estar preocupadas com a questão da privacidade. Como discutimos mais cedo, um indivíduo *high-profile* pode estar relutante em colocar sua foto na internet. Alguns de nós estamos até dispostos a pagar por serviços adicionais que um serviço offline pode oferecer. Alguns oferecem até busca de ficha criminal e do crédito de seus clientes.

Finalmente, alguns acham que já passam muito tempo no computador e não querem procurar alguém on-line. Por mais fácil que pareça, pode tomar muito tempo para se manter em dia com as respostas (talvez não seja esse o *pior* problema).

Então, por mais que os serviços on-line cresçam, algumas pessoas de nossa geração optarão pela tradição (ou pelo menos a nossa idéia de tradição!) e contratarão um serviço de encontros. Se você é uma dessas pessoas, vamos ver quais opções estão disponíveis para você.

Formando pares

Os seguintes métodos podem ser usados sozinhos ou combinados:

Serviços de namoro computadorizados

Embora a parte "computadorizada" não é mais tão impressionante com opções on-line à disposição, muitos serviços confiam primariamente em cruzamentos de perfis eletrônicos. Com estes serviços, você preenche uma pesquisa, responde perguntas e tira a sua foto. Você provavelmente faz uma entrevista, mas é o computador que junta os pares. As combinações são formadas regularmente e enviadas para você, enquanto outros clientes recebem o seu perfil.

Serviços de formação personalizada de casais

Estes serviços são mais caros do que os computadorizados, mas têm sucesso por causa da atenção oferecida. Os clientes se encontram com um agente, que conduz uma entrevista extensa e usa as informações reunidas para formar pares. Surpreendentemente, você não pode achar que a pessoa fazendo a entrevista é aquela que vai formar o par. Em seu livro, *Singer No More* [Solteiro nunca mais], a dra. Ellen Kreidman fala sobre um caso onde um homem (heterossexual) foi indicado para outro homem, porque o entrevistador passou o perfil adiante sem classificar o sexo!

Serviços de namoro através de vídeo

Esses serviços oferecem a oportunidade de ver vídeos feitos por vários clientes. É como se você fosse à biblioteca e escolhesse alguns livros para folhear. A vantagem dos vídeos em relação às fotos é que permitem ver o pacote completo — voz, olhar e comunicação não-verbal. É mais fácil identificar mentirosos. Os clientes podem ficar nervosos sentados em frente a uma câmera, então leve isso em consideração. O lado ruim de usar um vídeo é que, como o passeio à biblioteca, isso leva tempo.

> ### Voz da experiência
>
> "Não sou um tipo de cara que é fã de ficar em bares. Então eu procurei por um serviço chamado 'É só um almoço'. Eu fui, eles me entrevistaram e tiraram uma foto. Eu imediatamente comecei a receber ligações. Nós nos encontraríamos para almoçar e depois decidiríamos continuar ou não. Foi um pouco caro, mais de dois mil dólares por dois anos de serviço. Eles garantem dezesseis encontros. Fazem as reservas, levam a pessoa até o local. Eu conheci gente bastante interessante. Como uma mulher que não era tão atraente, mas muito inteligente. Tivemos uma conversa fascinante. Eu encontrei doze mulheres muitas bastante bonitas, e havia duas ou três nas quais fiquei interessado. Uma delas era de um departamento especial da polícia e tinha ótimas histórias. Eu realmente gostava dela, mas antes de tudo começar a se encaminhar, eu conheci a Angélica através de um amigo, e ela acabou sendo a melhor escolha."

Casamenteiros independentes

Esta categoria é algo como o casamenteiro da cidadezinha, exceto que estas práticas são mais comuns em cidades grandes do que em pequenas, e eles cobram bem caro! A boa notícia é que você trabalha exclusivamente com um profissional por todo o processo. Como um agente tentando lhe arrumar um contrato, o casamenteiro trabalha para encontrar um par para você.

Metodologias inovadoras

Metodologias inovadoras para unir pessoas aparecem a cada minuto. Uma que deu certo foi a *SpeedDating*, um serviço que o coloca em contato com sete pretendentes, por sete minutos cada, tudo na mesma noite! Isso funciona como "uma dança das cadeiras", mas com mesas. Esta opção envolve menos meditação, mas também custa menos do que os serviços comuns. Outra abordagem interessante chamada "Oito às oito" leva quatro homens e quatro mulheres para jantar e providencia uma forma confortável de eles se conhecerem melhor. Um apresentador senta com os solteiros e ajuda nas apresentações e nas versas iniciais. Conhecer alguém enquanto come parece funcionar, pois serviços que arranjam refeições juntos, como "É só um almoço", parecem estar dando certo. Ao mesmo tempo, mais serviços estão indo para interesses específicos, como atletas, aventureiros ou vegetarianos.

Perguntas a fazer

Antes de sacar a sua carteira, veja o seguinte:

- Como vocês juntam pessoas? Confiam inteiramente na escolha do computador ou existe um elemento humano? Não fique mais tranqüilo só com palavras como "garantimos a qualidade". Use o velho "me ajude a entender" e faça com que eles o guiem por todo o processo. A atenção deles às suas perguntas dá uma idéia de quão individualizada é a abordagem.

- Eu faço a busca ou vocês fazem? Serviços assim oferecem arquivos e vídeos para você olhar, mas podem ser seus olhos os que vão fazer o maior serviço.

- Quantos membros ativos têm e qual percentagem deles estão na média de idade que você procura? Por mais talentoso que seja um formador de pares, se ela ou ele tem apenas dois clientes ativos, você está bastante limitado.

- Quais verificações de antecedentes conduzem? Claro, o que quer que os outros tenham que passar, você também terá, mas é bom descobrir com antecedência.

- Quais opções de assinatura oferecem? Alguns serviços fazem contratos pequenos (seis meses, por exemplo) de associação, outros não.

- O que mais eu tenho que pagar? Não ache que as taxas cobrirão tudo.
- Se eu encontrar alguém, posso deixar minha titularidade de reserva ou receber um reembolso parcial?
- Têm conselheiros disponíveis, qual o treinamento e a formação deles?
- Observe há quanto tempo eles estão no negócio e peça referências.

Formar pares é um grande mercado. Mantenha isto em mente enquanto você ouve os preços e os números de vendas. Fale claramente: se você vai pagar mais, vai exigir mais.

Pelo que esperar

Espere revelar muito sobre você. Se você quer que alguém faça as apresentações por você, é preciso que a pessoa saiba bem quem você é.

Espere a papelada. Não é provável que você escape de pesquisas e questionários.

Espere que seu serviço seja justificado. Documente os seus encontros, de modo a deixar o serviço saber se lhe mandarem alguém que não combina. Enganos podem acontecer, e qualquer serviço de qualidade vai arrumar um modo de consertar sua situação.

Na maior parte das vezes, espere coisas boas. Ter alguém defendendo você e em quem confie torna a vida um pouco mais fácil.

Capítulo 20

O encontro às cegas

Meus amigos vêm tentando armar encontros para mim. A intenção deles é boa, mas é sempre a mesma coisa. Eles dizem: "Encontramos uma pessoa perfeita para você." Eu saio com a pessoa e me pergunto: "O que os meus amigos pensam de mim?"
— *Mike Dugan*

O que vem à mente quando você pensa em "encontro às cegas"? Uma boa piada? Imagens de tédio tão críticas que a pessoa prefere a dor física?

Não, os encontros às cegas não têm recebido boa publicidade. Bem, até agora. Quando estávamos namorando pela primeira vez, os encontros às cegas eram encontros normais e completos, onde você tinha que aturar a pessoa e a situação embaraçosa até o fim. Com o começo dos namoros pela internet, desenvolvemos formatos mais fáceis para encontros às cegas.

Então você já fez sua pré-seleção. Está na hora de tornar isso realidade.

O "cara-a-cara"

A nova geração gosta de ver resultados. Somos ocupados e queremos tirar o máximo de nossos esforços. Essa abordagem resultou no que eu chamo de "cara-a-cara".

O cara-a-cara é uma versão abreviada do encontro às cegas. Oferece o que ambos os pretendentes estão procurando — sentir rapidamente a outra pessoa e ver como é estarem juntos. É uma maneira segura e sem pressões de se encontrar, seguir adiante e estar livre para decidir o que fazer em seguida. Aqui vai como fazer um cara-a-cara:

1. Combinem de se encontrar em um lugar muito público, durante o dia ou logo depois do trabalho. Opções simples incluem se encontrar para tomar sorvete, café, um lanche leve ou um drinque rápido.
2. Estabeleça parâmetros para o encontro, como um intervalo de tempo, ou use parâmetros naturais, como "tenho que voltar para o trabalho até uma da tarde", ou "vou encontrar uns amigos depois".
3. Cheguem e saiam separados. Esta estratégia mantém a situação sem obrigações e segura.

De certa forma, o cara-a-cara é mais como um pré-encontro, o que ajuda vocês dois — independentemente — a decidir se querem dar uma chance ao encontro. Se sim, continuam. Se não, não.

Encontros duplos ou em grupo

Encontros a quatro são uma abordagem comum ao encontro às cegas, muitas vezes com um casal convidando duas pessoas que eles querem juntar. As vantagens dos encontros a quatro incluem: o casal estabelecido pode fornecer uma referência comum para o casal que acabou de se encontrar e ajudar a manter conversa. Com vocês quatro juntos, as coisas podem se manter leves e divertidas. Ter a sua amiga ou seu melhor amigo por perto pode salvar a sua vida. Por exemplo, você faz uma pausa para maquiagem com sua amiga e diz a ela se as coisas não estiverem indo bem. Mais tarde, ela habilidosamente olha para o relógio e diz que precisa ir para casa passear com o cachorro, e vocês quatro concordam em encerrar a noite. Também é muito seguro.

> **Acendendo as luzes**
> Quando estão armando um encontro para você, pode sentir um pouco do que vem por aí — e saber sobre o que conversar — ao fazer a seu amigo as perguntas certas:
> - Quão bem você o/a conhece?
> - O que você gosta nele/nela?
> - O que você não gosta nele/nela?
> - Por que você acha que vamos nos dar bem juntos?
> - O que ele/ela faz da vida?
> - O que ele/ela faz para se divertir?
> - Você tem uma foto/descrição dele/dela?

Encontros duplos podem ser um problema quando o casal estabelecido começa com trocas íntimas, como beijos ou referências a sua vida sexual. Eles podem deixar o outro casal desconfortável, especialmente se não houver química entre eles. O casal anfitrião também pode querer prolongar a noite porque, é claro, eles gostam de ficar juntos e com seus amigos. Outras armadilhas podem surgir dos múltiplos relacionamentos envolvidos. Se fizer um encontro duplo com a sua irmã, o marido e o chefe dele, pode ficar preocupada que, se vocês não combinarem, isso possa ameaçar o relacionamento do seu cunhado com o chefe.

Conforme discutimos no Capítulo 16, imaginar antecipadamente e falar sobre potenciais cenários pode ajudar muito. Deve estar claro que o propósito do encontro a quatro é ajudar *você*, e as coisas devem ser preparadas com isso em mente. Expresse as suas preocupações e ansiedades e elabore antecipadamente como lidar com elas. O casal anfitrião deve concordar em estabelecer códigos para saberem como tudo está indo (embora possa ser óbvio!) e quando abreviar o encontro.

Encontros a quatro também podem ser "a quatro e às cegas", quando você e seus amigos estão ambos conhecendo novos pretendentes ao mesmo tempo. Por exemplo, você e um pretendente on-line concordam em ambos levarem um amigo para seu cara-a-cara. Eu sempre acho que isso pode ser um pouco perigoso: e se seu pretendente on-line gostar mais da sua amiga? É claro, o pretendente da sua amiga pode gostar mais de *você*... Mais uma vez, o melhor a fazer é conversar sobre isso — antecipadamente.

Levar um amigo ou um grupo de amigos está se tornando uma maneira popular de começar um novo contato. Tira toda a pressão, e pode ser muito divertido. Alguns serviços de namoro estão investindo nessa abordagem e organizam encontros em grupo. Se você estiver aberto a uma abordagem do tipo "misture e combine", esta é uma maneira de acessar e avaliar muitas opções ao mesmo tempo. E o toque de mestre é que, quando os grupos se juntam, você pode expandir sua rede de amigos assim como a de pretendentes.

Voz da experiência

"Minha grande amiga, que me conhecia bem, sempre tinha admirado o seu farmacêutico. Ela falava sobre sua paciência, seu rosto amigável, e seu desejo sincero de ajudar as pessoas, especialmente em tempos de necessidade. Ela descobriu que ele era um ex-triatleta e que gostava de estar em boa forma. Ela disse que gostaria que eu o conhecesse. Eu fui com uma receita médica, e isso nos deu motivo para conversar. Nós fomos jantar depois que ele saiu do trabalho naquela noite, a meu convite... e então no dia seguinte foi nosso primeiro encontro oficial, no dia dos namorados. Ele me chamou para sair e tudo tem sido ótimo. Então meu encontro às cegas foi em uma farmácia! Encontrá-lo definitivamente me curou."

Com esse espírito de exploração, suas atenções não estão exclusivamente numa questão de sim ou não. Você é um observador. Você está conhecendo outro ser humano, vendo como ele é. Além de ter encontros, você está aprendendo, fazendo amigos e contatos, e expandindo seu mundo.

Ao entrar nesse novo território, deixe suas expectativas na porta. Se vocês se derem bem, ótimo! Se for uma droga, foi experiência. Pense em manter um diário das suas experiências em encontros. Escrever tudo vai lhe ajudar a apreciar a riqueza da sua experiência, o que você está aprendendo, e acima de tudo, como a vida é imensamente divertida.

Parte 3

Abraçando a Aventura

Agora sim! Está na hora de se encontrar. A Parte 3 é seu guia para explorar as suas atrações, testar as águas com olhares e cantadas, marcar um encontro, sair, e sentir o calor de um contato tão próximo. Agora é a sua chance de ter de volta a excitação de estar com alguém novo! Ao ver os encontros como uma aventura, você pode transformar a ansiedade em excitação, erros em experiências, e medos em vontade de descobrir.

Capítulo 21

Química elementar: Os segredos da atração

O encontro de duas personalidades é como o contato de duas substâncias químicas; se houver qualquer reação, ambas são transformadas.
— *Carl Jung, psiquiatra*

O que é aquele sentimento intangível, aquela atração magnética que nos faz **querer** ficar com uma pessoa? Nós a chamamos de atração, mas muitas vezes não sabemos explicar por que a sentimos. Simplesmente sentimos. Quando duas pessoas estão mutuamente atraídas, dizemos que há "química". Existe coisa melhor? Como uma reação química, as coisas começam a ferver, energia é emitida, e sentimentos novos e maravilhosos são gerados. A química que estamos prestes a explorar é completamente legalizadas e pode não só produzir a maior onda de sua vida, mas possivelmente uma vida inteira de prazer!

O que excita você?

Da da da da da da da da... É o *Namoro na TV!* Entra Silvio Santos com seu microfone, acompanhado pelo participante. Você está atrás da divisória com dois outros potenciais paqueras, tentando dar as respostas certas para ser escolhido. Se é assim que você vê a idéia de namorar, talvez seja hora de sair da sua cadeira, olhar à sua volta e fazer as suas próprias perguntas.

> **Química**: é aquela sensação carregada que vocês dois têm quando olham nos olhos um do outro. Você está excitado, não só sexualmente, mas todo o seu ser — sua história, suas feridas, seu desejo — é atraído para essa outra pessoa. O maravilhoso é que, ao mesmo tempo, a pessoa que você quer te deseja da mesma forma. Quando vocês estão juntos, se sente energizado e ampliado.

Ao começarmos a namorar, tendemos a nos concentrar na nossa habilidade de atrair alguém. Como os solteiros no *Namoro na TV*, nós muitas vezes nos esforçamos para nos encaixarmos nos critérios que imaginamos serem os do potencial paquera. O problema é que essa atitude de desvantagem nos impede de avaliar o que *nós* queremos, e também pode nos tornar menos atraentes. Então, por um momento, vamos esquecer como você é e como você age, e vamos explorar o que excita você. Voltaremos ao seu magnetismo no final do capítulo.

Pergunte a você mesmo: "O que me excita em uma pessoa?" Se você responder "um corpo como o da Gisele Bündchen" ou "olhos como os do Chico Buarque", está ótimo, mas incompleto. Nós temos mais chance de descobrir a química quando preenchemos toda a visão do que nós queremos. Essa visão inclui uma combinação de corpo, personalidade, mente e espírito. É como a pessoa se identifica com você, um olhar, um toque. Uma das oportunidades mais excitantes de se ter encontros é a chance de experimentar diferentes combinações desses fatores. Sim, é uma mistura complexa, que nós não compreendemos totalmente. Mas quanto mais nós separarmos o que queremos do que não queremos, e quanto mais perto chegarmos da fórmula perfeita, mais provável é que a encontremos — e tenhamos química!

Compre uma revista, vá ao cinema, sente-se em um café ou bar e olhe à sua volta. Tome notas — mental ou literalmente. O que faz seu coração acelerar (e outras partes acordarem), e por quê? Tente realmente identificar os elementos mágicos. Compare as diferentes pessoas pelas quais você é atraído e note traços que se repitam. Considere os seguintes fatores:

Físico: Você é atraído por pele ou cabelo escuros? É um visual novo e loiro que funciona para você? Você se excita com tônus muscular? Jeans ou alta costura? Você examina as pernas primeiro ou os olhos? Como você construiria e vestiria seu parceiro ideal?

Profissional: É pelo carisma de uma pessoa que você se sente atraído? É a pessoa naquele vídeo de exercício que lhe atrai? O pai brincando com seus filhos no parque? O artista com o caderno de rascunhos? A riqueza é um afrodisíaco para você?

Personalidade: Você se sente atraído pelo líder do grupo ou pelo membro mais quieto e pensativo? Comediantes excitam você, ou você prefere atores em papéis sérios e dramáticos? O objeto da sua atração parece gentil e suave ou alguém que desafiaria você? Como essa pessoa seria na cama? Seja específico.

Filosófico: Que visão de mundo seu amor imaginário tem? Ela é profundamente religiosa? Ele é um ativista por causas sociais? E quanto a inclinações políticas? Você quer alguém que seja aberto a novas idéias ou seguro em suas convicções? Um vegetariano ou um carnívoro?

Ao rever essas áreas, você pode achar uma que se destaque sobre as demais. Isso pode lhe dar uma pista sobre onde procurar seu novo amor.

Voz da experiência

"Eu respondi um anúncio pessoal de um cara que parecia muito interessante — esperto, inteligente e articulado. Ele tinha uma voz bonita. Falamos um pouco pelo telefone e decidimos nos encontrar para jantar. Quando cheguei ao restaurante, eu entrei e o vi a uns seis metros de distância e disse a mim mesma: "Que noite desperdiçada." A questão é que ele não era feio — ele era um homem de negócios atraente, não posso negar. Ele até me recebeu com flores. Mas eu saquei em segundos que não haveria química.

Acho que você sabe quando aquela não é a pessoa certa, mas de repente a personalidade pode superar a aparência. A primeira vez que encontrei o David, achei que ele parecia um mendigo. Mas agora ele faz o meu coração pular!"

Permitindo a excitação

Quando percebemos o que nos excita, começamos a sentir coisas que não sentíamos há algum tempo. Você pode se perguntar: "Por que eu deveria ficar todo empolgado se não consigo me satisfazer?" Não acredite que você não vai encontrar satisfação. O desejo é um grande motivador e automaticamente nos move em direção aos nossos objetivos. Em segundo lugar, estarmos atentos aos nossos desejos nos ajuda a saber quando a satisfação está na nossa frente. Finalmente, desejo é sexy. Eu fico maravilhada com a transformação em alguns clientes da terapia — incluindo eu mesma! — quando eles aprendem a expressar seus desejos. Cirurgia plástica não faria tanto pelo seu poder de atração. E, não surpreendentemente, eles começam a arrumar encontros. Já pensou no que significa quando você diz que alguém é "bacana"? Bacana é para cima, vivo, pronto para se comprometer. Uma pessoa bacana está prestes a criar química.

Uma atitude de experimentação

Como qualquer cientista aprende logo, um experimento que refuta a hipótese é tão valioso quanto um que tem o resultado esperado. O mesmo se aplica aos relacionamentos. Se basearmos o sucesso de um encontro em gostar de todo mundo que conhecemos e todo mundo que conhecemos gostar de nós também, não estamos apenas nos acomodando, estamos limitando nossas experiências e nosso aprendizado. O terapeuta de uma amiga pediu a seus clientes para trazerem histórias de cinco encontros ruins para se assegurar de que eles estavam saindo e experimentando. Lembre-se do que pode acontecer ao beijar sapos. Na ciência não existem falhas, apenas descobertas.

Capítulo 22

Primeiro contato

Coisas boas acontecem com aqueles que têm pressa.
— *Anaïs Nin, escritora*

Ok, vamos dizer que você encontre alguém que você ache atraente. E agora? Vai dar o seu telefone para ele? Ou foge correndo? Não sabemos se a pessoa é amigável ou hostil e pode não saber mais quais são as regras. Aqui estão algumas maneiras de transformar esta situação em algo mais simples.

Trocando olhares e outros sinais

Felizmente as palavras não são a única maneira de nos comunicarmos. A linguagem corporal nos ajuda a testar a situação sem ter que dizer uma palavra.

A melhor coisa da linguagem corporal é que muito dela acontece sem pensarmos. Nós olhamos para alguém que estamos atraídos, sorrimos. Uma mulher interessada pode inconscientemente passar as mãos nos cabelos, um homem pode estufar levemente o peito. (Muitos de nós encolheríamos a barriga!)

Quando tomamos consciência de nossa linguagem corporal, podemos usá-la com mais domínio. A pose é uma forma de chamar a atenção para nossa aparência e convidar o outro a nos olhar. Porém, se forçarmos demais, a pose pode estragar o senso de confiança que projetamos. Isso é comum quando nos colocamos em uma posição desconfortável — como aquelas fotos depois da dieta nas revistas, onde parece que alguém deveria dar oxigênio para as modelos!

Uma outra forma de trabalhar nossa linguagem corporal é bancar o difícil, com um ar distante. Bancar o difícil funciona melhor quando acompanhada de algumas insinuações contraditórias. Por outro lado, dar uma de difícil pode ser óbvio demais. Existem também algumas pessoas que não querem ter tanto esforço, e dispensam alguém que joga este jogo.

O modo mais fácil de trabalhar com sua linguagem corporal é torná-la equivalente à maneira que você está se sentindo. Se você está tímido, um sorriso tímido pode ser muito encantador. Se você está de ótimo humor, mostre. Se você aprova a aparência de outra pessoa, dê um retorno.

A troca de olhares pode ser uma das atividades mais agradáveis da caça. Aqui vão algumas dicas:

- Dê aqueles relances de vez em quando até você conseguir o olhar do outro.
- Se a pessoa que você estiver olhando devolver o olhar, dê um sorriso, mantenha o olhar brevemente e olhe para outro lugar. Como foi?
- Se o objeto de seu desejo vê você e afasta o olhar, entenda o recado. Tem muito peixe no mar.
- Se a resposta da outra pessoa não for clara (geralmente é o caso), espere e banque o detetive. O que ela está comunicando?
- Se vocês trocam olhares e sentem a química, aproveite!

O que você está esperando?

Então, você vê alguém com quem gostaria de sair, com quem troca olhares e sorrisos. O que o está impedindo de dizer alguma coisa? Não é difícil dar desculpas: "Vou parecer estúpido", "Eu provavelmente não vou ver a pessoa de novo", "Talvez a outra pessoa se ofenda".

Vamos ver estas preocupações na ordem inversa. A não ser que façamos comentários como "oi, broto" ou ficarmos por perto depois de sermos dispensados, não é provável que ofendamos alguém com nossa atenção. Muitas pessoas se sentem bem, seja isso recíproco ou não. E muitos ficam entusiasmados pelas pessoas que tomam iniciativa. Por outro lado, as pessoas têm dias ruins e podem responder rudemente. Para essas situações, mantenha este lembrete em seu bolso: "Não é nada pessoal."

A idéia de não ver a pessoa novamente é na verdade uma desculpa maravilhosa para *fazer* contato. Agora é sua chance! Se você falhar, provavelmente não vão se ver mais. Podemos desperdiçar muito de nossa vida com "E se?" e mais tarde perguntar "Por que eu não...?". Vamos arriscar e matar nossa curiosidade, descobrir no que vai dar e chegar mais perto ou seguir em frente.

A idéia de que possamos parecer estúpidos é apenas uma da lista de pensamentos que podem nos atrapalhar. Então, é melhor correr o risco de parecer estúpido. Também arriscamos parecer amigáveis, confiantes, engraçados, seguros, inteligentes ou simplesmente muito atraentes.

Qual é a minha fala?

Oi.

Enquanto trabalhamos para ser espertos e ter falas vencedoras que irão encantar um potencial pretendente, nós menosprezamos o cumprimento mais simples e eficiente: "Oi." Um estudo da Universidade de Chicago mostrou que um simples "Oi" funcionou melhor do que qualquer outra apresentação, seguido de "O que você achou da banda?" (levando em consideração que uma banda está tocando!). As falas mais simples são as melhores formas de começar uma conversa. Aqui estão algumas formas de fazer as coisas fluírem:

• Se quisermos que se aproximem, ajuda ter algo para iniciar uma conversa. Vista uma blusa com uma frase esperta. Se for adequado, leve um livro ou um bloco de desenho ou apenas pegue uma revista interessante.

• Comente sobre o que está acontecendo onde você estiver. Podemos sempre trocar "o que você acha de tal banda?" por "o que você acha — daquele livro, do café ou do artista?". Se alguém no ambiente for chato, é uma ótima oportunidade de compartilhar olhares intrigados e dizer: "Qual é o problema dela?" Se tiver uma tempestade horrível lá fora, podemos comentar: "Está ficando feio lá fora", e perguntar sobre a previsão do tempo.

• Elogie. "Que corpo bonito" pode ser um pouco demais, mas "Eu gosto dos seus brincos" ou "Gravata legal" são boas formas de começar uma conversa. Mas aqueles comentários que vêm do fundo do coração podem ser tocantes. Se as palavras "uau, você é linda" ou "desculpe, não consigo parar de olhar para você" saírem no momento, deixe acontecer. Você provavelmente está sob o feitiço da química.

• Quando dizemos "oi" e deixamos isso solto, a outra pessoa normalmente responde "oi, como vai você?" e a conversa continua. Permitir espaço em uma conversa é sinal de segurança e abre espaço para as coisas acontecerem naturalmente.

• Construa uma moldura. Para quem freqüenta academia ou cafés é fácil bolar uma conversa com outros freqüentadores. Os freqüentadores são geralmente conhecidos pelas pessoas que trabalham no lugar e eles geralmente podem ajudar a conhecer alguém. Uma vez que você saiba o nome, guarde-o. Dirigir-se a alguém pelo nome é um sinal de conhecimento social.

• Brinque com você mesmo. Pense nas grandes falas de cinema. Estas falas são particularmente boas porque elas podem acontecer em situações particulares com algumas pessoas. Por exemplo, em *Amor a toda velocidade*, quando Ann-Margret pára na oficina e reclama que o motor do carro dela está assoviando, Elvis aproveita o momento e diz: "Eu não o culpo."

A arte de flertar

Quando flertamos, não mostramos sentimentos ou intenções diretamente, nós brincamos com eles. O jogo permite às duas pessoas testarem seus sentimentos, assim como a reação do outro. Então, em vez de dizer "eu quero saber como é tocar você", eu lhe dou um tapinha no braço quando você implica comigo. Eu posso sentir faíscas, ou posso não sentir nada. De qualquer forma, é bom saber. Você pode fazer um elogio no meio de uma brincadeira, de um convite, de uma piada. Se você observar as pessoas flertando, vai perceber um ritmo nisso, um modelo adorável de avanços e recuos: de bochechas coradas de vergonha pelo exibicionismo da cauda de um pavão. E, como na dança, é muito mais fácil flertar quando se é embalado pelo ritmo.

Capítulo 23

Fazendo o encontro

Saíamos à noite e chegávamos ao café, em nossas Levis brancas apertadas acima dos sapatos (todo mundo se vestia assim), e, com seriedade, virávamos mecanicamente para frente e para trás com a espontaneidade de bonecos de Natal. Mas estávamos dançando! Com garotas! O quão legal é isso?
— Dave Barry, sobre os efeitos libertadores do Twist, no livro Dave Barry Turns 50 [Dave Barry faz 50 anos].

"Ok, agora é a hora da verdade. Eu quero ver essa pessoa novamente, e isso significa NA-MO-RO! Eu não sei se tenho mais medo de ficar desapontado ou de realmente levar isso a cabo. Socorro!"

Embora isto possa parecer uma reclamação neurótica de uma adolescente de dezesseis anos, as angústias do namoro são muito reais (ou irreais) para os que começam a namorar novamente. Se for você quem sugere o namoro, pode sentir que muita coisa está em jogo. Afinal, "namorar" traz responsabilidades. Um namoro também implica na chance de intimidade física ou pelo menos no ritual do beijo de boa-noite. Então, aqui estamos, pedindo a alguém para fazer parte desta coisa chamada namoro. E se ela ou ele disser não? Ou sim? Convidar alguém para namorar pode ser um sucesso ou um fracasso.

A arte de convidar alguém para sair

Eu me lembro de, na faculdade, ter tentado definir a beleza. Mesmo sendo um exercício fútil, uma idéia sobressaía para mim: a de que a beleza é a combinação entre uma leve familiaridade e uma novidade excitante. Sem familiaridade, essa visão é muito desconfortável; sem novidade, perde vida. Eu acho que essa idéia se aplica bem à arte de chamar alguém para sair.

A familiaridade é construída por meio das conexões que fazemos em nossas conversas iniciais. Vocês se encontram em um lugar que os dois escolheram, mesmo que esse espaço seja o virtual. Ambos estão livres neste momento de suas vidas. A não ser que ela dê mais um passo no relacionamento, você pode encará-lo como amizade e construir esse senso de familiaridade. Isso pode acontecer naturalmente se vocês dois freqüentarem os mesmos lugares. Essa aproximação pode ser suave e confortável, e pode ser exatamente que você precisa depois de tudo pelo que passou.

Porém, se você começar a aconselhar esse seu amigo ou amiga em questões amorosas, essa é uma pista de que você está sendo discreto demais com os seus próprios desejos românticos. Harry e Sally, os melhores amigos da telona, conseguiram ter um romance, mas um amigo meu não se deu tão bem. Ele ficou amigo de uma mãe solteira que ele queria namorar. Ela estava bastante isolada, e ele a encorajou a sair mais. Para facilitar as coisas, disse que passaria em sua casa na sexta à noite para verem TV juntos. Ela gostou da idéia e, quando ele chegou, ela estava toda bem-vestida. Lisonjeado, ele comentou que ela não precisava fazer aquilo, e ela respondeu: "Eu estive pensando no que você falou sobre me dar mais oportunidades e arrumei um encontro! Você se importaria de tomar conta da Carol enquanto saímos?" Por causa disso, cuidado para não se tornar o amigo acomodado!

No outro extremo, caminhamos em direção a alguém que achamos atraente e somos diretos. Isso aumenta o risco — não temos idéia de como a pessoa vai responder. Sentimos o desafio da novidade ao nos encontrarmos com alguém com pele, voz, cheiro e personalidade diferentes. Se você passou a maior parte de sua vida adulta em uma relação, pode ser exatamente o que você precisa. O lado ruim é que temos pouca informação e nos arriscamos a ficar decepcionados.

O modo como você chama alguém para sair tem a ver com a sua preferência pela familiaridade ou novidade. Existem tantas combinações diferentes desses elementos quanto de listras em uma zebra. Podemos sugerir qualquer coisa, desde um inocente jogo de tênis até um jantar em um restaurante elegante.

Convidar alguém para sair não precisa ser uma ação unilateral. Podemos ter pistas. Se a pessoa na qual se está interessada em geral fala sobre como ela foi magoada e como está um pouco tímida em relação a novos relacionamentos, você pode ter que segurar um pouco seus planos. Muitas vezes, o próximo encontro é uma decisão mútua que deriva da conversa. Vocês podem perceber que ambos amam filmes e concordar em participar juntos do festival de cinema que está por vir. Mesmo quando a outra pessoa está convidando, você ainda tem a chance de opinar em como o encontro será estabelecido. Lembre-se de que a outra pessoa apenas quer ver você de novo. Se você sugerir um plano alternativo, ela pode ficar aliviada de não ter que carregar toda a responsabilidade pelo ritmo.

O homem ainda dá as ordens?

A resposta a essa questão depende de quem pergunta. Algumas tradições são difíceis de desaparecer, e alguns de nós nos sentimos seguros ao seguir a regra de que "os meninos tomam a iniciativa". Nossa geração, porém, foi criada com a crença dos direitos iguais. Alguns anos atrás, quando eu era mentora de um grupo de apoio para adolescentes, tive a chance de falar com outros mentores sobre o que era o namoro nos nossos dias. Nós, mentoras, reclamamos que os meninos expressavam seus desejos livremente, distribuíam ordens e que nós só obedecíamos. E mesmo quando Erica Jong estava escrevendo sobre mulheres selvagens, muitas de nós nos sentíamos reprimidas no quanto poderíamos expressar nossos desejos. Os mentores masculinos refletiram sobre o peso da responsabilidade de ditar o ritmo, tentar adivinhar o que a menina queria, e sentiram que tinham que deixar as coisas fluírem mesmo quando eles não estavam prontos. Ser o detentor do desejo também limitava os homens.

Então, as coisas mudaram? Mais uma vez, a resposta vai depender de quem pergunta. Leia o livro *As 35 regras para conquistar o homem perfeito*, de Ellen Fein e Sherrie Schneider, e você vai achar que voltou aos anos 1950. Só que hoje em dia as mulheres têm mais iniciativa, e os homens só precisam sentar e responder ao que elas falam.

Regras para mulheres: cumprir ou quebrar?

"Não fale primeiro com um homem (e não o chame para dançar)."
— Segunda regra de *The Rules* [As regras], de Ellen Fein e Sherrie Schneider.

"O menino encontra a menina. O menino gosta da menina, mas acha que a menina não gosta dele. Na verdade, a menina gosta muito do menino, mas ela joga de acordo com as regras, fingindo que não gosta dele e se fazendo de difícil. O menino desiste e vai procurar em outro lugar."
— Introdução de *Get a Life, Then a Man* [Consiga uma vida, e então um homem], de Jennifer Bawden

Você não irá achar seções "apenas para homens" e "apenas para mulheres" neste guia. Nossa geração aprendeu — por meio da inversão dos papéis sexuais e da presença de gays, lésbicas e bissexuais — que a sexualidade e o papel sexuais são mais complexos do que fomos levados a acreditar. Talvez alguns de nós estejamos procurando por "regras" para nos ancorarmos novamente. Porém, as melhores são aquelas que vêm de sua definição de quem você quer ser — o que valoriza e o que deseja. Na verdade, você pode querer definir suas próprias regras. Pode até publicá-las!

Além do "quer fazer alguma coisa?": tenha um plano

Não é estranho quando alguém pergunta: "Vamos almoçar qualquer dia?", e deixa isso no ar, enquanto você sabe que isso não vai acontecer? Esse tipo de mensagem deixa uma interrogação sobre quem retomará o convite e quando.

Convites em aberto não refletem necessariamente falta de sinceridade. Pode ser arriscado propor algo específico. Se vocês entram em comum acordo, com o típico "não seria legal, qualquer dia desses...?", haverá um confortável desejo partilhado sem que se arrisque a proposição de algo específico, o que elimina a possibilidade de decepção.

Por outro lado, se quisermos sair do desejo para a realidade, é bom ser específico. Criar uma nova escolha retira o foco do "sim ou não" para "quando e onde". Aqui está um exemplo: "Eu gostaria de continuar a nossa conversa em um jantar no Luigi's. Sexta ou sábado funciona para você?" Com o ritmo acelerado de nossas vidas hoje, não se surpreenda se vocês precisarem negociar as datas algumas vezes.

Propor algo específico é um sinal de autoconfiança. É um modo de comunicar que você sabe o que quer e que está seguro o suficiente para esperar mais alguém para dividir suas experiências.

Namoros criativos

Nós evoluímos muito desde a época que um encontro significava um filme e depois comer alguma coisa. Se você pensar em encontros como um meio para que duas pessoas interessantes se vejam de novo, o céu é o limite. Falando em céu, saídas ao ar livre podem ser uma alternativa melhor do que um bar cheio de fumaça. Você pode adicionar um pouquinho de romance e fazer um piquenique (os meninos marcarão ponto nesta opção, especialmente se levarem a comida!). Esportes como boliche são opções divertidas também. Arrisque sofrer uma pequena humilhação e se divirta.

Almoço e jantar são escolhas populares porque conduzem à conversa. Sentar-se um de frente para o outro facilita o contato visual.

Explore suas preferências indo juntos a uma galeria ou a um queijos-e-vinhos. Verifique a lista de eventos de sua cidade — festivais e concertos ao ar livre são ótimos programas. Ou vá a qualquer lugar em que você possa dançar, dançar, dançar!

Bons primeiros encontros fornecem oportunidades de interação e sorrisos fáceis. A não ser que vocês sejam assíduos, lugares como óperas ou um restaurante fino não são boas opções. Sentimos muita pressão no primeiro encontro — não precisamos adicionar a preocupação sobre roupas ou sobre quais talheres usar.

Se você optar por um show, vá àqueles que possibilitem conversas enquanto você curte a apresentação. Um festival de música ao ar livre permitirá mais interação do que um concerto de uma sinfonia em lugar fechado. Eventos esportivos abrem muito espaço para conversa. O tradicional cinema não é prático — na verdade, você está em um lugar escuro, olhando para uma tela... certo, o lugar escuro pode ser uma vantagem. Mas se vocês ainda estão se conhecendo, crie uma oportunidade que permita que troquem idéias.

Capítulo 24

O guia do primeiro encontro

É um encontro! Parabéns — você está oficialmente de volta ao mercado! Você conseguiu, conheceu alguém e marcou de sair. Vamos continuar a aventura!

Prepare-se

Preparar-se — mental e psicologicamente — tem mais a ver com como nos preparamos psicologicamente do que com o modo como nos vestimos. Conforme discutimos, ver o namoro como uma aventura nos ajuda a valorizar cada aspecto da experiência. Aqui está você, se preparando para seu primeiro encontro — de novo! Isso não é incrível? Observe a si mesmo nesta situação. Aprecie a ironia da situação enquanto você pede a sua filha ou filho um palpite sobre as suas roupas e sente um frio na barriga que não percebia desde a sua juventude.

Por falar no que você vai vestir, tenha certeza de que você está confortável e seguro de sua escolha. Não há necessidade de ficar ainda mais nervoso por estar usando algo desconfortável. Se você quer comprar uma roupa nova para marcar a ocasião, vá e divirta-se! Por outro lado, o que quer que você vista provavelmente vai ser novo para o seu par, então pode ser que você fique muito bem com aquela camisa que sempre arranca elogios. Os outros normalmente conseguem dizer o que cai melhor em você. Mais uma coisa: não exagere no perfume, nem na loção pós-barba (você pode errar feio!).

Enquanto você se apronta, coloque no seu rádio músicas que lhe inspirem. Você pode preferir um clássico como Barry White ou Bee Gees. Dance na frente do espelho, cante alto, anime-se. Você vai para um encontro!

Relacionando-se durante o encontro

A habilidade de namorar consiste em alguns elementos básicos. Ainda bem que perdemos muito do narcisismo de nossa juventude e descobrimos que as pessoas gostam de serem reconhecidas e ouvidas. Uma saudação simples como "Oi, Gisele. Você está ótima! Como foi o seu dia?" comunica que: (a) estou feliz em ver você; (b) estou atraído por você; e (c) estou interessado em sua vida.

Retomar elementos de conversas prévias nos ajuda a construir relacionamentos. Se você sabe que o filho do seu par mudou de faculdade depois da última vez que vocês conversaram, perguntar como foi a adaptação mostra que você está prestando atenção. É uma ótima forma de deixar a conversa fluir, porque é algo que ele/ela já permitiu que você soubesse.

> **Voz da experiência**
>
> "Vamos dizer que seu par mencione que tem interesse em arte moderna. Você expressa sua ignorância sobre isso, o que, para um não-iniciado, dificultaria a conversa. Mas, em vez disso, pede que lhe explique algo sobre o assunto. Isto faz quatro coisas: primeiro, mostra que você está pronto para confessar sua ignorância, mostrando uma saudável falta de egocentrismo. Segundo, mostra que você está suficientemente interessado a ponto de tentar dividir suas paixões. Terceiro, isso coloca seu par em uma área de assuntos confortável, impessoal, que permite revelar suas habilidades. Quarto, constrói a base de um conhecimento que serve como algo em comum mais tarde.
>
> Todo mundo quer se sentir *expert* em alguma coisa ou, pelo menos, portador de algum conhecimento. Isso aumenta a autoconfiança de uma forma que não causa muita exposição. Se, por outro lado, aprender algo sobre a pessoa com quem você está saindo lhe deixa entediado ou até mesmo enojado, bem, então você não vai querer passar muito tempo com esta pessoa de qualquer maneira."

Embora o fator química também faça diferença, o que você fala influencia os sentimentos que você e seu companheiro vão levar do encontro. Quando passamos por muitas coisas na vida e existe um bom ouvinte do outro lado da mesa, pode ser tentador reclamar de tudo. Não caia na tentação. Se expor muito e cedo demais pode nos fazer sentir vulneráveis amanhã. E, além disso, pode ser deprimente para os dois. Uma vez que começamos a falar de nossos problemas, podemos facilmente ficar tristes e preocupados. Isso funciona na terapia, já que lá *devemos* nos portar dessa forma. Faça do tempo passado com o seu par uma folga para os problemas.

Como sempre, existem exceções. Há pessoas que são tão divertidas sobre as suas reclamações que eles ironicamente o fazem sentir bem. Se você tem esta habilidade, vá em frente e reclame! E se algo imediato o está aborrecendo, compartilhar pode criar um laço especial com o seu encontro. Nunca é tudo ou nada. Um pouco do negativo pode aprofundar a conversa.

Os melhores e piores tópicos para um encontro

Piores:
- Qualquer coisa que comece com "o meu ex..."
- Cirurgias recentes
- Dores do parto
- Reabilitação
- Eutanásia
- Um hobby que você acabou de inventar que tem (cuidado, você pode ser pego!)

Melhores:
- Favoritismos: filmes, bandas, restaurantes
- Viagens
- Lugares em que você já morou
- Animais de estimação
- Histórias engraçadas
- Qualquer coisa que comece com "eu gosto de..." ou "eu quero..."

"Quem paga?"

Se seguirmos as regras tradicionais de papéis, é fácil.

Sem considerar a guerra dos sexos, a etiqueta diz que, se você convida, você paga. Existe uma lógica simples para este método — a pessoa que convida escolhe de acordo com o que ela pode pagar. É particularmente rude convidar alguém para um restaurante caro sem poder arcar com as despesas.

Mas como essa questão ficou tão confusa hoje em dia, sempre leve dinheiro com você. Estar preparado para pagar ou dividir as despesas vai salvá-lo de uma situação desagradável. E, quando o seu par insistir em pagar, diga "obrigado" e aproveite o presente.

Decidindo o encontro

Ao chamar alguém para sair, o resultado do encontro não precisa ser definido em sucesso ou fracasso. O sucesso real consiste em "ter saído", saído de sua casa ou apartamento para um mundo real e maravilhoso, que oferece a chance de conhecermos alguém novo e descobrirmos quais sentimentos esse relacionamento gera. Preste atenção no que você está sentindo ao passar o tempo com esta pessoa. Se suas emoções mudam, observe quando e por quê.

Digamos que o relacionamento rapidamente gerou sentimentos de tédio ou pior. O que você faz? Pode continuar no encontro como um observador, percebendo o que o faz tão ruim. Lembre-se de que você está apenas procurando neste momento, e aprender o que não quer é parte do processo. Mas nunca ache que tem que fazer algo por pena — conversas, beijos, explicações. Se você se sente ameaçado de alguma forma, apenas diga que precisa ir e vá. Se for só um problema de personalidades inconciliáveis — ou a descoberta de que seu par *não* tem personalidade —, tudo que você precisa fazer é sair educadamente.

Digamos que viva a experiência que todos nós esperamos: você se sente maravilhosamente bem com esta nova pessoa, seu coração bate forte e quer passar o maior tempo possível na presença dela. Em termos de mercado, você fez um achado! As chances são de que seus sentimentos atrairão outras emoções também, como medo e vulnerabilidade. O desafio real é se concentrar no presente e aproveitar os bons momentos. De fato, isso pode ser tão desafiador que dedicamos o Capítulo 29 a esse assunto. Por enquanto, não deixe o prazer passar enquanto você se preocupa com o futuro.

Um relacionamento sempre gera uma confusão de sentimentos. Uma parte de você realmente gosta da pessoa, e outra parte está cética. Tome notas mentais do que lhe faz sentir bem e do que gera sentimentos negativos. Eles refletem uma vulnerabilidade particular sua? Por exemplo, se você reage de forma exagerada a uma brincadeira inofensiva, talvez seja por uma lembrança de algum tratamento negativo que lhe impuseram no passado. Por outro lado, você pode recuar e olhar suas próprias reações por uma perspectiva mais sensata. Mas normalmente é o tempo passado juntos que nos faz ver quem é a pessoa de fato.

Capítulo 25

Namorando abertamente

Desenvolva interesse na vida. Esqueça de si mesmo.
— *Henry Miller, escritor*

Entre a imagem idealizada do namoro dos anos 1950 e início dos 1960 e do amor livre de fins dos anos 1960 e início dos 1970, você pensaria que todos os que cresceram nessa época têm uma vida amorosa muito extensa. A realidade é que muitos não namoravam muito. Alguns tiveram um amor de infância, que se tornou parceiro de vida inteira; outros escolheram o casamento por causa de uma gravidez; e ainda existem aqueles que eram muito tímidos para namorar muito. Agora que chegamos ao que somos como adultos, é uma ótima oportunidade de explorar a variedade de relacionamentos.

> **Voz da experiência**
>
> "A primeira pessoa que você namora depois do divórcio pode ser idealizada. Se seu casamento foi ruim, a primeira pessoa depois dele é o paraíso. Namorar mais ajuda, porque você descobre que pode ser cada vez melhor. Até mesmo quando você namora pessoas de quem você não gosta tanto, isso ajuda você a ter certeza do que quer."

Os benefícios de experimentar

Freqüentemente pensamos em encontros como meios para um certo fim. Passamos muito de nossas vidas em uma relação duradoura e esperamos encontrar uma outra para o restante da jornada. Nesse meio-tempo, temos este tempo relativamente curto chamado namoro. Por que apressar isso?

Cada pessoa que namoramos e encontramos nos traz algo diferente. Cada uma expande o nosso mundo. Podemos aprender sobre diferentes profissões, hobbies ou pontos de vista. Podemos até mesmo aprender um novo esporte, ou nos inspirarmos a mudar. Namorar pode nos ajudar a sentir afeição pelas pessoas, quer um relacionamento saia daí ou não.

E também é óbvio: namorar mais nos dá mais chances de escolher. Em um programa especial sobre namoro, a apresentadora Oprah chamou uma mulher chamada Ann Marsh, que, em busca de um parceiro para a vida, fez do namoro um negócio. Ela saiu com mais de cem homens em menos de seis meses! Um serviço de namoro on-line alimentou suas perspectivas e, para não se envolver prematuramente, criou a regra de não beijar ninguém. Depois de alguns erros, ficou muito boa em aceitar sinais de desinteresse e seguir em frente. Ela retratou sua experiência em um artigo na revista *O Magazine* (fev/2003): "Ele simplesmente era o cara certo para outra mulher.

Eu saí do caminho dela." Conseguiu ser honesta com aqueles que achava que não eram para si. Conquistou o que queria — encontrou e eventualmente se casou com o homem que tinha certeza de que era o certo.

Mas sem beijo?! Ann Marsh teve a experiência da paixão física; desta vez, ela queria tempo para conhecer melhor seus pretendentes. Como muitos de nós, ela viveu a versão cinematográfica do amor, em que casais passam pela intimidade física primeiro e se apaixonam mais tarde (isso se se apaixonarem). Namorar fornece a chance de experimentar, revelar a novidade das trocas íntimas novamente, sentir o toque, a euforia do primeiro beijo e o maravilhoso sentimento de desejar outra pessoa. De qualquer forma, voltar ao mercado pode fornecer um revigorante contraste com a vida habitual.

Analisando as informações sobre o encontro

Se você é um pesquisador, sabe que, quanto mais experimenta, mais seguro ficará em suas descobertas.

Digamos que você está gostando de alguém. Quando vocês estão juntos, adora conversar com ela e ouvir suas idéias. Ainda assim, ela freqüentemente expressa a vontade de estar sozinha, e isto está se tornando frustrante. Você adora a inteligência dela, mas quer alguém que queira ter companhia, particularmente a sua.

Talvez você namore outra mulher que goste de estar acompanhada, mas que tem o péssimo hábito de olhar além de você quando estão juntos. Ou ser superficial e se distrair facilmente. Por meio destas experiências, você passa a ter certeza de como é importante ter alguém que goste de conversas íntimas. A primeira mulher tinha a capacidade para este tipo de troca; a segunda tinha o interesse. Você quer alguém com esses dois quesitos.

Ao deixarmos claro o que queremos, as vozes em nossa cabeça podem dizer que somos muito exigentes, que ninguém é perfeito e — esta é a minha favorita — "Quem você pensa que é?".

Freqüentemente, a melhor coisa a fazer é deixar as vozes aparecerem e sumirem. Mas, por hora, vamos responder a elas:

"Você é muito exigente." Esta voz vem com a idéia de que esperamos muito dos outros. Fontes destas vozes incluem pessoas infelizes que não ousaram arriscar e ir atrás do que queriam. Elas se conformaram; por que não faríamos isso também?

Escolher o que queremos e o que não queremos não é ser exigente, é ser honesto consigo mesmo e esperar coisas boas. Pessoas que esperam mais tendem a conseguir o que querem.

"Ninguém é perfeito." Usar sua própria experiência para saber o que você quer é diferente de incorporar uma imagem de perfeição definida pelos outros. Modelos de perfeição são tão sem graça quanto a Barbie e o Ken. E quando você identifica suas prioridades também aprende em quais aspectos você pode ser flexível.

"Quem você acha que é?" Cada um de nós é merecedor de alegria e amor, e há o suficiente disso para todo mundo.

Ao sermos honestos com nós mesmos, não só aumentamos nossas chances de encontrar ótimos relacionamentos, como também os vivemos de modo mais favorável.

Expandindo o menu

Se você gostaria mas não está tendo muitos encontros, é hora de expandir o menu. A melhor forma é evitar a tendência de esperar ao lado do computador ou do telefone. Em vez de esperar a resposta dos contatos que você fez, faça novos.

Mesmo que a pessoa que você está esperando seja alguém de quem você goste, aquela que você ainda não encontrou pode ser a que você vai amar.

Capítulo 26

Aproveitando o "quase"

Sexo sem amor é uma experiência sem sentido, mas, enquanto experiência sem sentido, é muito boa.
— Woody Allen, cineasta

Ouvir dizer que o poder do famoso afresco de Michelangelo na Capela Sistina está no espaço entre as duas figuras tentando se tocar, no "quase". Nas relações humanas isso também acontece: enquanto os vazios ainda não estiverem preenchidos, nós nos sentimos energizados e com vida. O espaço que separa também incita, e uma vez que foi completado, nós freqüentemente desejamos tê-lo de volta.

Por isso, é um pouco paradoxal que nós desejemos recapturar o quase, pois é difícil ficar lá por muito tempo.

Saboreando a expectativa antes do sexo

Nos tornamos muito bons em reduzir o espaço entre o desejo e a satisfação desse desejo. Vivemos com a facilidade de comer em frente à televisão, ainda superada pela praticidade da comida congelada posta no microondas. Nós também nos tornamos pouco pacientes com o "cozimento" necessário para as relações sexuais. Como no desenho dos Jetsons, que apertavam um botão para servir as refeições, queremos ficar sexualmente excitados com a mesma rapidez. Por que perder todo esse tempo com romance?

Mas o que aconteceu então? Nós descobrimos que comer em frente à televisão parece tão artificial quanto as lasanhas congeladas; e até mesmo o sexo perdeu um pouco do seu sabor. Tempo está na moda de novo. Alguns de nós não só estamos preparando as nossas próprias refeições, como também cultivamos ervas para dar mais sabor a elas! Nós descobrimos o prazer sensual de cortar verduras, sentir os aromas e provar o molho da comida preparada em casa. E muitos de nós também estamos prontos para reduzir a velocidade e saborear os toques, olhares e desejos que vêm com uma nova relação.

Mas como fazemos isso? Na verdade, você não precisa *fazer* nada. Apenas *sinta* o desejo. Isso não vai machucar.

Ainda assim, sentir a intensidade do desejo significa explorar novos territórios. Se você saiu de uma relação na qual estava insatisfeito, seus desejos podem estar tão enterrados que não os reconhece mais. Se o sexo era bom, talvez estivesse acostumado a fazê-lo regularmente. Mas os dois cenários podem levar ao mesmo resultado: o esfriamento do desejo. Porém, ao começar a seguir as dicas deste livro, é provável que as coisas estejam esquentando. Para aqueles que estão explodindo de desejo nesse momento e se perguntando se vão suportar isso, continuem a ler.

Como nós discutimos, o desejo insatisfeito é energizante. Na verdade, o desejo cria uma onda química. O cérebro é inundado por hormônios e anfetaminas naturais que produzem a sensação de euforia.

O desejo também alimenta a criatividade. Maravilhosos trabalhos de arte, poesia e música foram inspirados por pessoas no auge do desejo. Freud nos ensinou que canalizar o impulso sexual é uma boa maneira de conseguir fazer algo.

Por fim, o desejo naturalmente nos carrega em direção à satisfação. Se confiarmos nele, não precisamos forçar nada — podemos pegar carona!

Aqui estão algumas dicas para saborear o desejo:

- Pratique. Quando você fica excitado com alguém ou alguma coisa, apenas preste atenção em como isso funciona. Permita-se.
- Dê espaço. Quando queremos alguma coisa, o medo de não conseguirmos está sempre por perto. O medo nos faz bloquear essa coisa ou apressá-la. O desejo bem-sucedido requer a habilidade de manter a necessidade viva mesmo quando ela for preenchida. Quando você começa a se sentir calmo e excitado ao mesmo tempo, você sabe que está dominando a arte do desejo.
- Permita-se ter desejos conflitantes. Parte de você quer fazer sexo AGORA, e outra parte esperar mais. O conflito entre desejos é freqüentemente a fonte de soluções criativas. Por exemplo, você pode decidir conversar com o seu parceiro e, ao fazer isso, alcançar um novo nível de intimidade — e clareza.

A carga elétrica dos primeiros toques

Então, enquanto você estiver lá fora conhecendo pessoas, saboreie aquele olhar que é carregado daquela química, o esbarrão "acidental" dos braços, o toque amigável que você sabe que é mais do que amigável, o braço em volta da sua cintura ou do seu pescoço enquanto vocês dançam. Estes primeiros toques nos lembram da essência do sentido do tato. Existe uma carga que vem com estes toques. Ora, não vamos querer perder *isso*.

> ### Voz da experiência
> "Depois de passar décadas indo para a cama com o mesmo homem, apenas ser tocada já é melhor do que sexo."

Está no beijo

É inacreditável como um simples beijo pode mudar tudo. Freqüentemente não temos certeza da química até termos essa experiência.

Diz-se que o beijo ultrapassa o sexo como a forma mais íntima de expressão. Você pode fingir no sexo, mas um beijo dirá tudo.

Falando de sexo

Uma ótima maneira de separar o espaço entre desejo e satisfação é colocar nossos desejos em palavras. Enquanto esta possa ter sido uma opção estranha quando éramos adolescentes, agora sabemos mais coisas. Naquela época, pensávamos que romance significava estar o mais inconsciente possível de nossos desejos: isso ajudava a manter a tontura e as luzes apagadas. Neste estágio de nossa vida, não precisamos mais negar que sexo é uma coisa natural. Crescemos e estamos mais confortáveis com nossos desejos, e ficamos melhores em comunicá-los. E nada deixa a conversa mais estimulante!

Quando o desejo está no ar, uma conversa sexy pode vir bem naturalmente. Uma boa forma de ficar mais tranqüilo nestas conversas é ensaiar as falas, mentalmente. Preste atenção às suas fantasias. Palavras fortes são tão excitantes de falar como são de ouvir.

Além de fornecer o próprio prazer, falar sobre desejo abre um canal para satisfazê-lo. Você e seu par têm experiências sexuais distintas e diferentes. Fale sobre seus desejos; isso fará um grande bem aos dois.

Capítulo 27

Antes de você abrir o zíper

Sexo é idêntico à comédia, porque é uma questão de timing.
— *Phyllis Diller, humorista*

Só porque você passou muito tempo casado ou em um relacionamento sério não significa que você era sexualmente satisfeito. Na verdade, viver um relacionamento sem vida pode nos deixar famintos por prazer sexual. É por isso que o conselho "dê um tempo" parece tão tolo para muitos divorciados, que sentem que já passaram por um longo período sem intimidade. Um "tempo" do que é comum pode significar ter a experiência da paixão novamente!

Por outro lado, se você estava em um relacionamento ruim porque o sexo era bom, talvez esteja mais cauteloso em seguir seus hormônios. Ou talvez se sinta usado sexualmente, ou está cansado de não ter nada sério. Em 1980, Gabrielle Brown respondeu à preocupação sobre as DSTs e ao *boom* sexual dos anos 1960 com o livro *The New Celibacy* [O novo celibato]. Brown nos desafiou a lembrar que o desejo sexual é uma escolha, e não um imperativo biológico.

O que eu preciso para me sentir bem?

Quando uma cliente casada compartilhou comigo seu dilema sobre ter um caso, minha pergunta para ela foi: por que ela só poderia ter prazer em meio-expediente? Esperando que eu a criticasse por seu desejo de prazer, minha cliente foi pega de surpresa pela idéia de que ela não estava tratando seu desejo suficientemente bem!

Quando o sexo é motivo de tristeza, para nós ou para alguém, isso mina o nosso prazer. Minha cliente acreditava que ela não tinha direito ao prazer, então só conseguia isso de uma maneira escusa. Tendo um caso, ela apenas reforçaria a idéia de que o prazer é ruim. Em vez disso, nós exploramos como o prazer poderia ser um aspecto mais consciente, em tempo integral, na vida dela. Ao expressar seus desejos mais abertamente para o marido, ela não precisava mais de um plano secreto — ela conseguiu o que precisava em casa.

É bom pensarmos em como podemos conseguir o que queremos sem culpa ou arrependimento. Aqui estão algumas questões a considerar:

- Segurança. Eu conheço esta pessoa suficientemente bem para ter certeza de que ela será respeitosa? Meu parceiro tem doenças? Temos camisinha? (Se não, simplesmente diga "não" ou "até mais!".) Eu vou sair deste encontro me sentindo saudável e íntegro?
- Valores pessoais. Fazer sexo agora me coloca em conflito com quem eu sou e com o que acredito? Quais são os meus valores sobre sexo hoje em dia?
- Desejo. Eu *quero* isso? Estou fazendo sexo para segurar a relação, porque não consigo ver uma razão para dizer não — ou porque eu quero?

Sobre DSTs

Se você esteve em uma relação monogâmica por quase toda sua vida adulta, a idéia de falar sobre DSTs e proteção pode ser assustadora.

Ajuda lembrar que qualquer pessoa em uma relação sexual está no mesmo barco: querer estar segura e ter prazer.

Felizmente, os casais hoje sabem que têm que falar sobre esse tipo de coisa. A atitude é: "Somos adultos, podemos falar sobre isso." O que é importante lembrar é que vocês dois têm o direito de saber sobre a vida sexual do parceiro.

> **Voz da experiência**
> "Quando meus amigos e eu éramos jovens, não usávamos camisinha. E então estávamos casados para sempre. Depois do divórcio, acabamos em uma farmácia, tentando adivinhar que tipo de camisinhas comprar. Ah, e você precisa praticar para conseguir colocá-las."

Perguntar sobre DSTs pode parecer estranho, mas contar para seu parceiro que você tem uma doença sexualmente transmissível pode ser terrível. Algumas perguntas passam pela nossa cabeça, tais como: "Ela vai fugir?", "Ele vai achar que sou promíscua?", "Ela vai me ver de forma diferente?". O que você talvez não saiba é que as DSTs em geral, especialmente herpes, são muito comuns.

Se você tem uma DST, você precisa primeiro aceitar. Você está provavelmente com raiva, com vergonha, e adoraria negar tudo. Procure ajuda. Converse com seu médico sobre os sintomas e sobre formas de prevenir a transmissão.

Você pode reconhecer que é difícil falar sobre isso, mas é mais importante ter uma relação baseada em honestidade e confiança. Isso será um precedente essencial, e seu parceiro poderá revelar informações difíceis também.

Valores, agora?

Se você pensou que tinha valores sobre o sexo totalmente resolvidos, namorar novamente pode derrubar tudo. Talvez você associe sexo somente ao casamento, mas agora está solteiro e não tão certo de que quer casar novamente só para estar em um quarto fechado com alguém. Por outro lado, talvez tenha feito sexo no passado sem pensar muito em seus limites e valores.

Para ter a melhor experiência possível, tenha certeza de que são os *seus* valores que você está seguindo desta vez. As melhores respostas estão dentro de você. Aqui estão algumas dicas:

1. Seu estômago: quando você sente enjôo ou um aperto no estômago, este pode ser um sinal de que você está em conflito.

2. Sua intuição: essa é a parte de você que calma e simplesmente sabe a resposta. É normalmente acessada por meio de muita meditação e reflexão.

3. A percepção de quem você é: são as suas origens, e como você se vê evoluindo.

Descobrindo o bom sexo

Livrar-se do que tem potencial de culpa e tristeza deixa o caminho livre para um sexo muito bom e gostoso. O bom sexo é amoroso e honesto, e não perfeito. O bom sexo deixa a doce impressão de que os parceiros vão sorrir para si mesmos no dia seguinte. Cada um carrega uma noção do corpo do outro, uma memória tátil que gera uma sensação de conexão mesmo na ausência do outro. Na manhã seguinte, podemos sentir que estamos carregando um pequeno segredo.

Capítulo 28

Sexo, a esta altura

Sexo saudável e apaixonado é maravilhoso.
— *John Wayne, ator*

Sexo não é mais um mistério. A não ser que tenha vivido em um mosteiro, você já fez. E é provável que já tenha feito bastante. E o seu parceiro também.

Quando falamos de sexo, aqueles que estão voltando ao mercado têm a vantagem da experiência. Pelo fato de você e o seu par terem seguido diferentes caminhos para chegar até aqui, vamos discutir como negociar as diferenças nos desejos de cada um.

Sexpertise

O time de pesquisa William Masters e Virginia Johnson foram onde nenhum laboratório já foi antes ao trazerem a cama para o laboratório. Equipados com instrumentos para medir a resposta sexual, eles observaram mais de 700 homens e mulheres durante a masturbação e sexo. Suas descobertas foram publicadas em 1966, no livro *Human Sexual Response* [As reações sexuais]. Embora o livro tenha sido direcionado à comunidade médica, ele chamou a atenção do público e se tornou um *best-seller*. O trabalho de Masters e Johnson causou um tremendo impacto no tratamento da disfunção sexual e insatisfação. Em 1970, a publicação do segundo livro *Human Sexual Inadequacy* [Inadequação sexual do homem] e a abertura de uma clínica em St. Louis iniciaram o campo da terapia sexual.

Os benefícios de ser adulto

Uma das melhores coisas de ser adulto é que estamos muito mais confortáveis com nossa sexualidade. Podemos falar sobre nossos desejos sem nos sentirmos culpados, conhecemos nossos corpos e o que nos faz sentir bem, abandonamos mitos que antigamente nos faziam mal. Sabendo que as mulheres precisam de mais tempo e estímulo, que orgasmos sincronizados são raros e que ninguém parece um modelo quando está nu, estamos livres para nos entregarmos e aproveitarmos o sexo pelo que ele é. Com certeza, o sexo inconsciente da juventude tem o seu lugar, e com certeza foi idealizado com o tempo. Mas sexo consciente — sexo que pode ser discutido, visto e apreciado — é um dos melhores prêmios da maturidade. Estamos livres para nos permitirmos fantasias e experimentarmos posições, lugares e propostas.

Também sabemos que sexo é muito mais do que penetração. Uma sensual massagem nos pés pode ser uma forma maravilhosa de fazer amor, dormir juntos com as curvas dos seus corpos alinhadas pode ser muito íntimo, e existe uma variedade enorme de formas de estimular o prazer e o orgasmo. Na verdade, se você saiu de um casamento que envolvia penetração regularmente, pode estar mais interessado em novos toques e preliminares do que no sexo tradicional.

> **Voz da experiência**
> "Eu estava disposta a recuperar a adolescência que não tive. Cheguei ao ponto de perguntar ao meu terapeuta se eu era ninfomaníaca! Eu estava *insaciável*. Aí a vida seguiu. Eu lembro de uma amiga sugerindo que eu saísse com o cara sentado ao meu lado. Isso nunca havia passado pela minha cabeça. Foi uma aventura totalmente nova!"

Negociando estilos sexuais

E se você estiver faminta e seu parceiro de dieta? Como conseguir o que precisa sem sentir que você estragou tudo? Como dizer para seu parceiro que é importante para você esperar? Cada vez mais, estou conversando com mulheres que estão prontas para o sexo e acabam namorando homens que querem evitá-lo por um tempo. Então, se você está esperando que as coisas sigam de acordo com a antiga regra dos sexos, esqueça.

Negociar desejos sexuais em relacionamentos pode ser complicado. Você pode se preocupar em perder seu parceiro ou apenas parecer idiota. Porém, se existe um momento para praticar isso, é agora.

A melhor forma que encontrei de negociar diferenças é o que eu chamo de "a boa luta." A boa luta acontece quando negociamos com nossos desejos. Em vez de dizer "sabe há quanto tempo eu não faço sexo?", você diz "eu quero você por inteiro". (Pense no que soa mais sexy!) Desde a infância, aprendemos a dar efeito aos nossos discursos com histórias de nossas privações, em vez de apenas expressar nossos desejos. ("Todo mundo tem um jogo de Monopólio, menos eu!") Quando você está em um relacionamento, a boa luta significa ir atrás do que você quer. Então, você pode dizer: "Eu quero esperar para fazer sexo e gostaria que você esperasse comigo, porque sou louca por você." Falar de seus desejos incentiva seu parceiro a falar dos dele também.

Uma vez que ambos estejam prontos, você pode levar suas negociações para o quarto. Como Masters e Johnson descobriram, o sexo é melhor quando cada um se responsabiliza por realizar os desejos do outro. Isto pode ser simplesmente dizer "hmmm" ou "isso!" quando seu parceiro está fazendo algo que você gosta. Quando quiser mais, diga ao seu parceiro! Quando os desejos são deixados de lado, eles tiram a energia do encontro sexual. Por exemplo, se você está pensando "queria que ele me tocasse aqui", está aplicando energia ao pensamento em vez de estar totalmente disponível para fazer amor. Dizer isso alto, ou dizer com seu corpo, mudando a mão dele de lugar, leva o desejo para o relacionamento. Sua ação será mais excitante para o parceiro, pois desejo inspira desejo.

Mas digamos que seu par não responda. Você tem uma escolha: pode ver a falta de resposta de seu parceiro como uma pista para se fechar e sentir vergonha de seu desejo, ou pode continuar seguro do que quer. Isso pode significar insistir, vendo o que está acontecendo com ele.

Tenha em mente que são as nossas diferenças que energizam os relacionamentos. Se você fantasia com alguém que tem exatamente as mesmas necessidades que as suas, esta pessoa seria *você*.

Variações no desejo

Isto é algo em que não pensamos muito quando somos jovens. Mas adicione uma experiência sexual aos efeitos da idade, flutuações hormonais e uso de medicamentos, e o tesão pode ser um problema. Enquanto uma mulher que se vê solteira novamente pode se sentir insaciável, outra pode estar procurando a versão feminina do Viagra.

Se um homem está passando por problemas de ereção, certamente não está sozinho. Primeiro, veja se suas preocupações vêm de alguma idéia de o que seria "normal". A sexualidade é algo muito individual, e tudo se resume ao que *você* quer. Se não está satisfeito com o seu desempenho sexual, fale com seu médico sobre opções de tratamentos. Há tantas disponíveis; não há por que ficar em casa achando que não tem solução.

Problemas psicológicos podem atrapalhar o desempenho sexual. Internalizar as vozes que nos dizem que não somos atraentes torna mais difícil nos sentirmos seguros de nossa sexualidade, o que pode tanto nos levar ao sexo para nos afirmarmos quanto ao distanciamento do sexo por pudor. A ansiedade pode interferir na nossa habilidade de relaxar e de nos abrirmos à sexualidade. Mas isso não tem que ser um problema. Ninguém chega a este estágio no jogo do amor com uma lista em branco.

Amantes matutinos e noturnos

Antigamente, a hora do dia não tinha muita influência em nossa vida sexual. O que importava era como estávamos e com quem estávamos. Hoje, o horário importa tanto quanto o tamanho. Nos importamos com a rotina, com a iluminação e se o quarto tem *feng shui* ou não. O que acontece quando nossas rotinas colidem? Quando os dois estão acostumados a dormir no mesmo lado da cama ou fazer amor em horas opostas do dia? Muitas mulheres associam o sexo a algo noturno, enquanto os homens geralmente têm mais tesão pela manhã.

E esta mistura é o que dá ao relacionamento forma e identidade. Talvez você vá acabar com encontros exóticos de manhã e noites mais calmas na cama. Vocês dois podem desenvolver um estilo sexual único.

Fazendo melhor

Estamos em um ótimo momento de nossa vida para termos um sexo excelente — não importa como definimos isso. Temos alguma experiência e podemos relaxar na ansiedade pela performance. Aprendemos algumas coisas que funcionam e podemos até ter conseguido desenvolver uma habilidade própria.

Principalmente, descobrimos o que não funciona. Sabemos que a vida é curta e estamos prontos para derrubar defesas antigas, impor expectativas e arriscar ter o que queremos. A maioria de nós sabe o que vai fazer melhor desta vez. Agora é a hora de deixar acontecer!

Capítulo 29

Dizendo

A vida é não saber, ter que mudar, pegar o momento e aproveitá-lo ao máximo, sem saber o que vai acontecer depois. Deliciosa ambigüidade.
— *Gilda Radner, humorista*

Então você está saindo com alguém de quem gosta — muito. Ou alguém de quem realmente acha que poderia gostar, mas vocês ainda não se conhecem bem o suficiente. Você quer compartilhar mais, porém tem medo. Muito do que sente está ocupando os seus pensamentos — a ponto de parecer distraído e distante.

Se isso lhe soa familiar, você não está sozinho. Parece que, ao começarmos a criar laços em um relacionamento, podemos rapidamente voltar para a insegurança anterior. Ficamos tensos, tomamos cuidado com o que dizemos e nos seguramos.

O que está segurando você?

Quer sua razão para se segurar seja "Estou com medo de perdê-la" ou "Posso parecer bobo", a fonte é a mesma: medo. Nossos desejos são a expressão mais íntima de quem somos, e compartilhá-los pode nos fazer sentir vulneráveis. Faz sentido ser cauteloso quando você está no comecinho de um relacionamento. No entanto, algumas das pessoas mais cautelosas que vejo estão casadas há anos. O que acontece, parece, é que os parceiros confundem compromisso com constância. A idéia é: "É assim que ele *pensa* que sou; eu não quero mudar isso."

Então, quando as coisas estão indo bem, queremos congelar o momento e nos congelar. Nosso medo de perder o relacionamento nos faz perder o contato com nós mesmos. Não é à toa que tantos casamentos perdem a graça (ou que tantas pessoas ficam sem graça nos casamentos)!

Agir por causa do medo torna o mundo menor. O medo vem da atitude: "Não existe o suficiente para todos, então eu tenho que segurar, agarrar, manter." Agir por causa do medo torna as coisas pequenas e reforça a crença na escassez. Se realmente acredita que seu parceiro está feliz com você porque você ainda não disse que deseja mais, como vai conseguir se abrir?

Expressarmo-nos é um risco, mas *não nos expressarmos* também. E, em relação a riscos, eu recomendo fortemente o risco de desejar abertamente.

O risco e excitação de desejar

Expressar nossos desejos pode parecer ousado demais. Se você disser: "Não consigo parar de pensar em você", corre o risco de descobrir que seu sentimento não é compartilhado. E se seu parceiro não repetir essas exatas palavras, o medo vai fazer você imaginar o pior. É claro, se ele as repetir, o medo lhe fará acreditar que ele só está falando para você não ficar triste. A alegria se perde se tentarmos garantir uma determinada resposta.

Minha fotografia favorita mostra um garoto de cinco anos logo após ele jogar uma bola para o alto. Suas mãos estão abertas, sua cabeça está erguida, e sua expressão é de pura alegria. Ele não parece ter nenhuma preocupação se vai conseguir pegar a bola quando a gravidade a puxar para baixo. Seu prazer está em jogá-la e deixá-la subir. É assim que podemos nos sentir quando nos expressamos — quando compartilhamos nossos sonhos de infância e fantasias para o futuro, quando mostramos como estamos impressionados com algo que acabou de acontecer.

Quando temos a coragem de expressar nossos desejos e somos amados por isso, é o céu na Terra. Estamos mais propensos a receber reações amorosas quando amamos a nós mesmos. Aqui estão algumas dicas para colocar esse amor em ação:

• Ao expressar seus desejos, pense para você mesmo: "...e eu adoro isso em mim!" Se você não pode dizer isso honestamente para si mesmo, talvez esteja em dúvida. Quando eu disse ao meu pai que estava pensando em estudar psicologia, a incerteza transpareceu na minha voz. Ele captou isso e sugeriu que eu continuasse nas matérias iniciais de medicina. Depois de ter a certeza absoluta de que eu detestava química e adorava estudar relacionamentos, que essa era *eu*, eu voltei a ele. Desta vez eu disse a ele: "Vou estudar psicologia!" Eu estava confiante e certa, e ele ficou feliz por mim. Nós inconscientemente damos dicas às pessoas sobre como reagir — se a dica é "você vai adorar isso!", a pessoa provavelmente vai adorar mesmo.

• Tenha a atitude "eu sou bom para você". Fico impressionada com a habilidade de uma amiga minha de fazer isso. Ela recentemente expressou para seu namorado o desejo de passar mais tempo com ele. Ele estava sob muita pressão e ficou na defensiva. Ela calmamente respondeu: "Me escute. Eu só estou dizendo que adoro ficar com você." Ele escutou e entendeu. Ela teve a sabedoria de saber que seu desejo não era uma ofensa para ele, mas que ele tinha ouvido crítica em vez de amor.

• O exemplo anterior leva a uma outra questão: nem sempre a reação do seu parceiro tem a ver com você. Se está animado com uma nova perspectiva de trabalho e seu parceiro acabou de perder o emprego, ele pode ter dificuldade em compartilhar seu entusiasmo. Mesmo essas situações podem oferecer oportunidades para intimidade. Ao perguntar "o que há de errado?", você pode entender a razão dos sentimentos dele, e ao mesmo tempo separá-los da sua própria realidade.

• Confie na verdade. Se os seus desejos são constantemente rejeitados pelo seu parceiro, você aprendeu uma coisa importante. Seu parceiro não gosta das mesmas coisas que você, e está na hora de dizer adeus.

Segredos de intimidade

Intimidade significa simplesmente proximidade. Seja o canal físico, espiritual ou emocional, a maneira como vocês se tocam é fazendo contato de verdade. É tão fácil projetar nossa própria realidade um no outro que a intimidade pode dar algum trabalho. Como terapeuta, meu trabalho era ficar íntima dos pensamentos dos meus clientes, entrar neles e realmente tentar ver as coisas como eles viam. A intimidade é uma jornada que nunca está completa, mas quando duas pessoas a compartilham, elas caminham no mundo com a sensação de que alguém as conhece. Assim como você pode sentir quando duas pessoas fizeram amor, os casais irradiam uma coisa diferente quando compartilham o que uma vez já levaram sozinhas.

> *"Encham o copo um do outro, mas não bebam de um só copo. Dêem um ao outro do seu pão mas não comam do mesmo pedaço. Cantem e dancem juntos e sejam felizes, mas deixem que cada um de vocês esteja sozinho, assim como as cordas do alaúde estão sozinhas embora vibrem com a mesma música."*
> — O Profeta, *de Khalil Gibran*

Capítulo 30

Já está se divertindo?

O paraíso, bem-aventurança, moksha, nirvana esperam aqui e agora.
— *Yrjö Kallinen, ministro da Defesa finlandês, que promoveu publicamente a idéia do desarmamento unilateral como exemplo para o mundo.*

Não parece, quando as pessoas lhe perguntam como está indo o namoro, que eles querem ouvir um resultado? Parecemos estar programados desta forma. Sem pensar, focamos nossas questões em direção a uma resolução: "Então, você gosta dele?", "Ela é a pessoa certa?". E, quando estamos respondendo, sentimos que não há muito o que dizer. E se alguém perguntasse: "Como está sendo para você?", ou "O que você está aprendendo?". Estas perguntas estão focadas no *processo*, na aventura, e fazem da conversa algo muito mais interessante.

O modo como falamos de nossa vida revela como vivemos. Pensamos nos *resultados*: "Esta é a pessoa certa para mim?", "Eu vou casar de novo?". Estes questionamentos são normais, mas podem nos distrair do fascinante processo que estamos vivendo. Muito da diversão do namoro está na incerteza do desfecho da história.

Vivendo no presente

Enquanto é fácil estar presente em um lugar com ar de férias, é um desafio maior saborear o "aqui e agora" quando estamos equilibrando os desafios da vida adulta. Com empregos, crianças e pais ficando idosos, o futuro chama nossa atenção. As economias para a faculdade e planos de previdência privada podem tirar o foco do que está acontecendo agora. E mesmo que estejamos curtindo namorar, continuar pode parecer uma interrupção de nossos esforços. Mas perceba que esta é a beleza disso.

Namorar requer tempo e, fazendo isso, gera tempo. O que é tão maravilhoso sobre namoro e tão freqüentemente perdido quando paramos de namorar (por que paramos quando vem o amor?) é que nossa hora de namorar está devotada exclusivamente para o relacionamento. Acredito que a dificuldade que temos em separar um tempo para namorar é baseado na culpa. Nossa cultura ainda dá mais valor para buscas pessoais do que para relacionamentos. Ter tempo para simplesmente curtir um ao outro parece frívolo em vez de essencial.

Vamos abraçar o inconveniente de estar namorando. Esteja 100% nisso. Confie no ritmo da vida e, por um tempo, esqueça aonde o relacionamento está indo — apenas perceba onde ele está agora. Se você está confuso sobre o seu namoro, permita que uma parte sua se afaste e observe. Toda vez que eu faço isso, encontro surpresas. É tão fácil perder a delicadeza da experiência e as maravilhosas nuances dos relacionamentos.

Curtindo o drama

Você gostaria de um livro ou um filme que não tivesse tensões ou problemas para serem resolvidos? Provavelmente não. No entanto, nós freqüentemente lamentamos as viradas e os percalços em nossas vidas. Por que a diferença? Em filmes e livros, geralmente assumimos que as coisas vão ficar bem no final, ou que pelo menos alguma coisa de valor virá com o fim da história. Talvez não tenhamos a mesma segurança sobre nossas vidas.

Não tentamos ter controle sobre o que acontece em livros e filmes. Estamos lá para assistir, pegar uma carona. Na verdade, não queremos saber como as coisas terminam. Iria estragar tudo!

Tudo bem; as histórias, livros e filmes são sobre a vida de outras pessoas. Podemos participar sem conseqüências.

Se nós queremos que namorar pareça mais com um bom drama, é só tratá-lo da mesma forma. Use música de fundo. Saia de si e observe. Pense em quem poderia fazer seu papel se sua história fosse um filme e depois decida quem interpretaria seu par. Se você está se emocionando, mergulhe nisso! Você pode querer correr alguns riscos para fazer as coisas mais interessantes.

Colecionando histórias divertidas

A comédia nos dá mais latitude do que o drama. Os piores relacionamentos dão as melhores histórias, e seus próprios momentos desconcertantes tornam-se um bom material. Escreva suas memórias. Você não precisa manter um diário (embora possa gostar muito disso), apenas guarde alguns textos no computador ou em um bloco de notas. Dê uma olhadinha de vez em quando para se manter firme e aproveitar o humor que vem com uma vida cheia de aventura. Você pode ter morrido de vergonha naquela noite que atravessou a pista de dança inteira com um metro de papel higiênico preso no seu calcanhar, porém rir de si mesmo é saudável. Se você consegue rir de si mesmo ao cometer um erro, melhor ainda. Autodepreciação de vez em quando também faz os outros se sentirem mais próximos e os ajuda a relaxar.

Vá em frente e exagere um pouco.

Voz da experiência

"Eu chamo este de 'Idiota em chamas':
Algumas vezes o universo tem uma forma poderosa de lhe dizer que você está em um lugar que não deveria estar. Era minha primeira investida em um quarto de hotel depois do divórcio. Nossa noite de uma viagem de fim de semana foi, para resumir, menos do que satisfatória. Na manhã seguinte, levantei enquanto ELE ainda estava dormindo. Coloquei meu roupão, presente do meu ex-marido, e acendi um cigarro. Eu olhei no espelho e vi pequenas chamas saindo da lapela. Eu corri para a pia do banheiro. No espelho maior, eu vi chamas nas mangas e costas. Fui para o chuveiro... nenhum problema além de poucos cabelos queimados. Meu parceiro dormiu durante todo o incidente. O fogo foi a parte mais excitante de nossa experiência juntos. Não houve mais encontros."

Capítulo 31

Do encontro ao relacionamento

Nunca vá para cama com raiva. Fique acordado e brigue.
— *Phyllis Diller, comediante*

Quer dizer que você e seu par fizeram compras outro dia — pasta de dente e lâmpadas? Quando vocês se vêem dividindo mais do que a parte divertida da vida, você provavelmente foi além dos encontros. Você está entrando na maravilhosa e complexa experiência do chamado mundo do casal.

Ser um casal

Como distinguimos um casal de duas pessoas que estão apenas saindo? Talvez seja o conforto que os casais irradiem, ou o fato de que eles não precisem preencher todo espaço com conversa. Quando vemos um casal, nós vemos mais do que duas pessoas juntas: vemos uma parceria.

A diferença que distingue pessoas que estão apenas namorando de casais é o tempo que passam juntos. Você sabe que está se tornando um casal quando quer dividir mais e mais de suas experiências com o outro. De alguma forma, acontecimentos em sua vida não parecem completos até seu par saber deles. Você quer compartilhar notícias, família e amigos. É provável que levem um ao outro a seus lugares favoritos e comecem a mostrar ao seu parceiro quem eram quando crianças, através de histórias e fotos.

> **Vocês já devem ser um casal se....**
> - Você comprou um conjunto extra de coisas para deixar no banheiro dela ou dele.
> - Os dois ficam cada vez mais em casa.
> - Querem contar um para o outro sobre o seu dia — todos os dias.
> - Conheceram os pais um do outro.
> - Gostam dos pais um do outro.
> - Conversam pelo telefone — mesmo quando vão sair na mesma noite.
> - Você tem sua própria gaveta no quarto dela ou dele.
> - Os dois se vêem sem um monte de coisas, incluindo maquiagem.

Mesmo gostando de namorar, você também quer compartilhar os aspectos corriqueiros da vida — o que nos leva de volta às compras de pasta de dente. Quando os casais conseguem transformar uma tarefa chata em brincadeira, melhor ainda! Casais freqüentemente criam uma linguagem secreta, composta de apelidos carinhosos, tatibitate e piadas internas que se referem a experiências compartilhadas. No começo do processo de se tornar um casal, vocês dois podem ficar bem grudados e sentir menos necessidade de sair com outras pessoas. Mesmo que essa seja uma tendência natural, vale a pena o esforço de se manter em contato com os amigos, ou pelo menos deixá-los avisados de que você está temporariamente obcecado e pedir um tempo.

"O quê, você não é perfeito?": caindo na real

Junto com os prazeres de dividir, casais podem ter a experiência da desilusão. No início, vocês só vêem a versão bem-arrumada e comportada do outro. Agora vocês estão começando a ver a outra pessoa como ela é, completa, com manchas na pele e bagagem emocional.

Podemos reagir às imperfeições com alívio e desapontamento. O alívio vem de perceber que ambos são humanos e falíveis. Você não é o único que tem uma família estranha e alguns hábitos ruins. O desapontamento vem quando começa a perceber que a pessoa com que está não é quem você achava que era. Se seu par está ficando rude e desrespeitoso, você vai certamente questionar o relacionamento.

Algumas vezes, porém, nossa desilusão é baseada no medo. Depois do divórcio, por exemplo, tendemos a ter os sensores alertas para qualquer problema que nos coloque em situação insatisfatória. Minha amiga tem uma relação pós-divórcio muito saudável, porém tende a reagir a pequenos conflitos com medo: "Agora eu provavelmente vou ter que desmanchar com ele." Ela não desmancha, é claro, e eles passam por estes momentos, mas só leva algum tempo para ela acreditar em sua escolha.

Finalmente, pode ser difícil substituir a fantasia pela realidade. Enquanto você não está em um relacionamento, pode inventar alguém que nunca a desaponta. A realidade é menos certa, mas é muito mais interessante.

Voz da experiência

"Foi a forma como começamos a nos apresentar que me fez ver que éramos um casal. Agora eu digo: 'Esta é minha namorada', em vez de apenas dizer o nome dela, ou dizer que ela é minha amiga. Além disso, não perguntamos *se* o outro quer fazer alguma coisa no fim de semana – nós perguntamos: 'O que vamos fazer?'"

Primeiras brigas: caindo fora ou ajustando?

Ao perceber que forma um casal com o seu parceiro, você naturalmente se fecha para outras opções. É importante verificar consigo mesmo se isso é o que você quer. Decidir se vai continuar como um casal não é sempre fácil. Vocês investiram um no outro, então existe uma força para fazer isso dar certo. Por outro lado, você está conhecendo o bom, ruim e o feio sobre seu parceiro — e consegue lidar com o pacote inteiro? As primeiras brigas nos colocam diretamente em contato com este dilema.

Brigar por si só não é um problema. Dos casais com os quais eu já trabalhei, era com os que nunca brigavam que eu me preocupava mais. Esses casais tiraram seus desejos do relacionamento.

O que acontece quando vocês brigam ajuda a saber como irá o relacionamento. Boas brigas fazem com que vocês se confrontem, ponderem os argumentos um do outro. Se você está tendo dificuldade de deixar seu par à vontade e tende a ficar na defensiva, pode não estar pronto para ser um casal. Se vocês dois estão brigando muito, mas querem que a relação funcione, vão para terapia de casais. O terapeuta pode identificar rapidamente o que está atrapalhando e ajudar a desenvolver habilidades para resolver conflitos. E quanto mais cedo vocês fizerem isso, mais chances têm de dar certo.

Você provavelmente já ouviu as pessoas dizerem que todos os relacionamentos são "difíceis". Eu não concordo. Bons relacionamentos são "fáceis" porque há um desejo de intermediar as diferenças. É como quando você gosta do seu trabalho: você trabalha muito, mas nem parece tanto trabalho.

Parte 4

Solução de problemas

Como em qualquer aventura, namorar apresenta seus desafios. A Parte 4 é direcionada a dilemas comuns do namoro. Por mais que desejemos deixar as raivas do relacionamento para trás com nossos discos melancólicos, as coisas sempre vêm à tona. Mas não precisamos ficar nessa situação. Estes capítulos ajudam a transformar os problemas de relacionamento em oportunidades. Até lançamos a pergunta que nos deixa tontos: "É amor?"

Capítulo 32

Nada está acontecendo!

Para tudo há uma época, e um momento para cada propósito sob o céu;
Um momento para nascer, um momento para morrer;
Um momento para plantar, um momento para colher;
Um momento para matar, um momento para curar;
Um momento para prantear e um tempo para se reerguer.
Um momento para chorar, um momento para rir;
Um momento para dançar, um momento para se condoer;
Um momento para livrar-se de pedras, um momento para reunir pedras;
Um momento para abraçar e um momento recusar abraços;
Um momento para ganhar, um momento para perder; um momento para manter e um momento para se desfazer;
Um momento para rasgar, um momento para costurar; um momento de se calar, um momento de falar;
Um momento para amor, um momento para ódio;
Um momento de guerra, um momento de paz.
— Eclesiastes 3: 1-8

"Ela não está ligando de volta", "Ele não está me dando tempo", "Por que não tem mensagem para mim?", "Por que eu continuo atraindo idiotas?", "Por que os caras que eu gosto me ignoram?", "Eu não estou rejuvenescendo...", "Eu não sei por quanto tempo mais estes hidratantes vão segurar as rugas", "Alguém vai precisar de mim quando eu tiver 64 anos?" "O que está errado?", "Eu fiz tudo que eu tinha que fazer — por que nada está acontecendo?", "Por que eu me importo?", "Não aguento mais — eu desisto!".

Se acalmando

Pare! Se você está tendo pensamentos como os listados acima, respire fundo. Eu conheço estes sentimentos de pânico — eu passei por eles.

Quando você entrou em um relacionamento com segurança e otimismo, pode ser particularmente confuso quando nada acontece. Você pode questionar o que ele tem a oferecer. Quando não vemos atividade, queremos pelo menos uma explicação.

Talvez seja hora de relaxar e considerar a espera como uma importante parte do processo. Aqui estão algumas maneiras de se acalmar e apreciar a maré assim como a correnteza:

- Abra mão do que você não pode controlar. Nunca sabemos quando as sementes que plantamos irão brotar. Uma amiga minha recebeu um telefonema de um cara a quem ela deu seu cartão — há mais de um ano! Parece que ele estava em um relacionamento na época, mas agora está livre *e interessado*. Não podemos ver o que está se passando na cabeça de outra pessoa.
- Mantenha seus pensamentos. Use o tempo de espera para clarear sua mente sobre o que sente e o que é realmente importante para você. Com freqüência esta clareza lhe dará uma nova dose de energia.
- Lembre-se disso: o mundo pode mudar em um dia. Eu já vi isso acontecer mais de uma vez. Transições, como o início de um rela-

cionamento, tomam muita energia, então agora pode ser um bom momento para descansar.

- Pergunte-se o que você tem que fazer antes que a espera acabe. Pense do que você tem que cuidar antes que sua agenda fique cheia de compromissos. Use este tempo como uma oportunidade para ter sua casa e sua mente em ordem. Talvez você esteja evitando decidir negócios antigos ou até mesmo se cuidar.
- Saia de perto do telefone! Com freqüência uma mudança de ambiente vai ajudar a mudar seu humor. Se eu me encontro abrindo compulsivamente meu e-mail e checando mensagens telefônicas, eu sei que está na hora de sair de casa — sem o celular! Deixe para trás as coisas que o fazem lembrar o que não está acontecendo. Dê um tempo com algum amigo, faça uma viagem curta ou vá se exercitar. Se alguém quiser entrar em contato com você, deixe que espere um pouco.
- Pratique devanear nos intervalos de tempo. Pegue um ônibus ou trem para você observar da janela e sonhar.
- Crie mais expectativas. Telefone, envie um e-mail, peça ajuda, encontre outra pessoa, mande outro sinal, faça outra introdução. Mantenha o mundo ocupado trabalhando por você.

A lista de espera

Tendemos a ver o tempo de espera como a *falta de alguma coisa* em vez de algo com um propósito próprio. Vamos ver o que você pode colher de sua espera:

- Tempo para sentir. Enquanto estamos disparando, nossos sentimentos podem ser colocados de lado. Quando nada está acontecendo, eles aparecem. Deixe-os vir à tona e trazer suas mensagens. Você pode reconhecer que está cansada e finalmente relaxar um pouco. Talvez precise de tempo para entender as mudanças pelas quais passou. Tenha em mente que os sentimentos são como uma onda que preenche e diminui seus pensamentos. A intensidade é temporária.

- Tempo de expandir. Algumas vezes é a ausência de ação que nos força a tomar um passo crucial. Pode ser este passo que nos tira da frustração — indo para algum lugar novo, ligando para alguém em um impulso — o que termina fazendo toda a diferença. Eu posso dizer que sou autora porque nada estava acontecendo.

Pense na oportunidade que esse "tempo vazio" está lhe oferecendo. Não há desculpas, não há literalmente nada em seu caminho. Tome o próximo grande passo.

- Tempo de abrir mão. Algumas vezes, quando queremos desistir, é exatamente o que é preciso fazer. Precisamos desistir de controlar, parar de trabalhar duro e abrir mão do resultado. Perceba como é difícil lembrar de alguma coisa quando você está se esforçando. Aí você relaxa sua mente e pronto! O mesmo é geralmente verdade quando procuramos por algo — ou alguém. Um foco muito aguçado pode estreitar nossas escolhas. Então, relaxe sua mente, abra seu coração e prepare-se para ser surpreendido!

Se sentindo bem agora

Focar no que *não é* pode tornar mais difícil reconhecer o que *é*. Pode ser especialmente útil olhar para trás, quando não imaginávamos ter o que temos agora. Talvez você tenha se sentido presa em um casamento vazio e não podia imaginar como sair. Mas você saiu. Talvez houvesse um tempo em que você olhava as pessoas em uma certa posição profissional com inveja — e agora você está lá! Ou, talvez, bem na sua frente esteja um ser humano maravilhoso que você se sente orgulhoso de chamar de seu filho.

Dê crédito a si mesmo por quão longe você chegou. Faça um inventário do que você aprendeu. Olhe fotos de sua vida, trace uma linha do tempo de suas experiências. Faça o que você precisa fazer para ficar centrado em você mesmo e para celebrar o seu *hoje*.

Voz da experiência

"Quando deixei meu marido e encarei a realidade de estar sozinha, tive a escolha de escrever uma afirmação sobre todas as pessoas em minha vida que me amavam. Eu senti uma gratidão pelos meus irmãos e irmãs, meu pai e todos os meus amigos queridos. Sou extremamente afortunada por ser amada por todas estas pessoas. Eu comecei o meu dia com estas afirmações. Isso teve um grande impacto na minha vida... e eu comprei um bom vibrador."

Capítulo 33

Os jogos que jogamos

O que está na mente dos outros não está na nossa. Eu faço o que eu quero.
— *Audrey Hepburn, atriz*

Quanto mais dizemos que odiamos jogos, mais nos vemos jogando os. Desviamos os olhos de um olhar tentador, esperamos um pouco antes de retornar as ligações e mencionamos as outras pessoas que dão em cima de nós. Vamos ver por que jogamos, quando jogar se torna um trabalho e se existe uma forma melhor.

Eu devo ligar?

Você pode reconhecer este dilema: "Eu quero falar, mas não quero ligar primeiro."

Antes que fiquemos muito tempo no assunto de ligar ou não, é importante diferenciar se você está respondendo a um modelo — por exemplo, se a pessoa com que você está saindo sempre se esquece de ligar ou se é um evento isolado. Não é porque você não recebe a ligação de seu parceiro quando quer que ele não gosta de você ou é um babaca. Nós sempre construímos todos os tipos de fantasias negativas, apenas para descobrir que havia uma explicação simples. Se você se pega inventando coisas, ligue de uma vez e se poupe de ficar viajando.

Não ligar poderia ser um jogo: "Eu vou fingir não estar interessado para lhe deixar preocupado, aí você vai telefonar." Mas não ligar pode ser também uma expressão de seu desejo honesto por mais: "Eu quero falar com você, mas vou desistir disso porque preciso mais de você do que estou recebendo." Em ambos os casos, você não liga, mas a intenção é diferente. No jogo de se fazer de difícil, você está tentado manipular o comportamento de seu parceiro. No segundo caso, você deixa o resultado para lá.

A diferença, embora suave, é importante. Quando você está jogando com alguém, está desperdiçando muita energia para controlar o comportamento da pessoa. Por isso, fazer joguinhos pode ser cansativo e não recompensar.

Mas quando você age de acordo com a sua própria verdade, tudo que você controla é você mesmo, e você ganha de ambas as formas. Se seu par não se esforça, você eliminou alguém que não quer dar o que você precisa. Se seu parceiro liga, você tem o que quer.

Outro método pouco usado é dividir o dilema com o seu parceiro. Você não consegue ver Audrey Hepburn ligando e dizendo: "Eu não quero ligar, mas quero falar com você. O que tenho que fazer?" O jeito de Audrey dizer o que queria era muito leve e vulnerável — e quem pode resistir? Audrey é um ótimo exemplo de quão atraente a honestidade pode ser.

Se o desequilíbrio do quem liga para quem se tornou um problema em uma relação boa em outros campos, falar sobre isso pode ajudar vocês a se entenderem. Talvez você descubra que seu parceiro não gosta muito de telefone e prefere deixar as conversas para quando vocês estiverem juntos. Isso ainda pode ser um conflito, mas agora você sabe o que está por trás da escassez de telefonemas.

Eu quero deixar você com ciúme

O "deixar você" neste subtítulo é uma pista de que estamos entrando em um jogo. Mais uma vez, o que faz um jogo é a tentativa de manipular. O jogo do ciúme é um modo de mostrar ao seu par: "Tá vendo, ela gosta de mim. Por que você não gosta?" Isso pode funcionar, mas se você está se aproximando de alguém, o jogo pode se virar contra você. Mesmo que sua parceira se esforce para atrair você de volta, ela pode perder a confiança em você.

Por que não falar diretamente sobre o que você quer? Geralmente o que você quer é ficar com a pessoa que você está namorando. Você pode dizer honestamente ao seu par: "Estou atraído pela atenção que Sarah me dá, mas quero isso de você." Você está expressando seu interesse em ter mais *juntos*, do que se voltar para outra pessoa para conseguir o que quer.

> "Eu nasci com uma enorme necessidade de receber afeição e uma necessidade terrível de dar afeição."
> — Audrey Hepburn

"Mas meu parceiro está jogando!"

O que você faz quando isso acontece? Primeiro, tenha certeza que ele está desperdiçando muita energia para mantê-lo interessado. Então, seja superior. Vamos dizer que seu parceiro goste de jogar A Caça. Quando você está ocupada, ele lhe dá toda a atenção, mas quando você está disponível, ele recua.

O modo mais fácil de lidar com este jogo é chamá-lo. Você pode dizer algo como: "Eu sei que você se excita quando estou menos disponível, mas não é divertido para mim. Eu gosto quando um homem se excita *comigo*." Mostrando a realidade, você evita parecer desesperada por atenção.

Este método pode ser usado no jogo do ciúme, e também ao bancar o difícil. Apenas deixe seu par saber que não está funcionando para você e que os jogos estão te deixando para baixo em vez de deixarem você feliz. Abra uma brecha para seu par lhe contar o que ele ou ela está tentando conseguir com isso. Por exemplo, você pode perguntar por que está distante ou por que fica flertando. Seu par pode não parar com o jogo, mas saber que você não está jogando não o incentiva a continuar.

Fazendo suas próprias regras

A grande vantagem em namorar a esta altura da vida é que nos conhecemos bem o suficiente para fazermos nossas próprias regras. Se você gosta de tomar a iniciativa, pode não lhe incomodar fazer a maioria das ligações. E talvez você prefira ter um parceiro que flerte um pouco do que um que seja anti-social. Você é o melhor juiz da sua relação. Se você se vê num papel que não gosta, pare de atuar. É melhor arriscar perder o relacionamento do que perder seu respeito próprio. Se você espera que seu parceiro faça planos com você, não participe dos planos de último minuto dele. Se você a pega flertando descaradamente, diga a ela. Se ela continuar, deixe-a flertar sozinha.

Felizmente, ter o que queremos em um relacionamento não é apenas manter limites. Os dois devem saber as pequenas coisas que fazem com que se sintam amados. Quando estiver funcionando, diga! A palavra "obrigado" normalmente é pouco utilizada em um relacionamento, porém ela carrega mais poder do que uma lista inteira de críticas.

Capítulo 34

Eu preciso de você (por enquanto): relações que curam

*Uma mulher ligou para o departamento de polícia e disse:
"Tem um maníaco sexual no meu apartamento.
Venha buscá-lo pela manhã."*
— *Henry Youngman, comediante*

Algumas vezes um relacionamento parece preencher você de uma forma totalmente nova. Então, em algum momento, perde o poder. O que aconteceu? Você pode ter passado pela experiência de um "relacionamento transitório", ou seja, um romance que ajuda você a se curar e a seguir em frente. Vamos ver a natureza dos relacionamentos transitórios e como podemos vê-los como um presente e não um erro.

Recuperação e parceiros passageiros

Quando deixamos um relacionamento significativo, é comum receber conselhos sobre encontrar parceiros "para recuperação." A preocupação, claro, é que estamos particularmente vulneráveis depois de rompimentos, e podemos nos machucar. Esta é uma possibilidade, e precisamos considerar se estamos prontos para correr esse risco. Existe, porém, uma outra possibilidade. Seu relacionamento "para recuperação" pode ser parte da sua cura.

Depois de passar boa parte de sua vida num casamento — especialmente se esta relação não estava dando certo —, é provável que você tenha desejos e necessidades que foram negligenciados. Uma nova relação oferece um excitante potencial de preencher este vazio. Com freqüência o vazio é sexual. Então, se inicialmente você se vê como Don Juan, pode haver algum método em sua loucura.

Muitos de nós passam por uma série de relacionamentos passageiros, cada um com problemas em uma área diferente. De fato, todo relacionamento é passageiro, porque pessoas diferentes tendem a ativar diferentes partes de nós.

A não ser que você esteja namorando alguém rico só para se dar bem ou saindo para transar, relacionamentos passageiros normalmente não são planejados. Nós, na maior parte das vezes, entendemos o significado de um relacionamento quando *estamos* nele. Mas se você só quer se divertir mesmo, fale abertamente sobre isso. Tudo que você tem que dizer é: "Eu realmente gostaria de sair com você hoje à noite, mas não sei se quero algo além disso." Reconheça que acaba de sair de um longo relacionamento e que só quer conhecer gente diferente no momento.

A não ser que engane seu parceiro, não tem que se preocupar com suas necessidades passageiras. Em todo relacionamento, vocês se unem por um motivo, saibam a razão ou não. E em todos os relacionamentos, ambos estão vulneráveis, queira ou não.

"Finalmente, alguém que...": não tenha medo de contrastes

Quando começamos a namorar novamente, tendemos a ficar com alguém que compense as fraquezas do parceiro anterior. O problema é que podemos inicialmente *corrigir demais* essas fraquezas. Depois de viver uma pessoa reservada e introvertida, você pode achar a sociabilidade de seu par maravilhosamente refrescante — isto é, até começar a se irritar. Ou pode ser ótimo ter um parceiro que realmente lhe ouve ou que tenha bom gosto ou que se vista bem. O bom do namoro é ter a chance de experimentar os extremos, assim como as muitas variações no tema, e encontrar o que realmente funciona.

Contratando a cura

Pode-se dizer que entramos em qualquer relacionamento com o desejo de sermos curados. Em um bom relacionamento, os parceiros podem servir como terapeutas mútuos, usando o carinho e suas diferenças para ajudar no crescimento do outro. Mas se os parceiros estão muito carentes, o relacionamento pode ficar sobrecarregado. Quando isso acontece, os casais estão mais propensos a repetir velhos padrões do que a consertá-los. Por exemplo, se você entra num namoro com muito medo de ser abandonado, sempre quer aquela pessoa perto, e ao mesmo tempo pode se ver procurando por pistas de que ela não está. Quando ficamos testando um relacionamento, podemos levá-lo ao fracasso. Nessas horas, é prudente entrar num relacionamento que é feito para curar: com um terapeuta.

Escolher um terapeuta não é diferente de escolher um parceiro. Você quer alguém com quem se sinta seguro, em quem acredite que irá entender e desafiar você. A diferença é: o terapeuta não está trazendo seus interesses (além do de ser pago!) para o relacionamento. O terapeuta aprende com as interações entre vocês, mas usa o entendimento para ajudá-lo a crescer.

Outra opção é ver um terapeuta de casal. Neste caso, as interações ainda são entre você e seu par, mas o terapeuta está lá para ajudar vocês a melhorarem as coisas e a desenvolverem habilidades de comunicação.

Capítulo 35

"Ai!": lidando com a rejeição

A coisa mais difícil em sair de um relacionamento é ouvir o rádio. Porque toda canção é sobre estar apaixonado, ou sobre estar com o coração partido. E eu descobri que a única canção com a qual me sentia à vontade era aquela de Peter, Paul and Mary, "If I had a Hammer" [Se eu tivesse um martelo].
— *Ellen DeGeneres, comediante*

Nós teríamos que chegar a isso mais cedo ou mais tarde. Vamos encarar, ser rejeitado é uma droga. Quanto é uma droga, no entanto, tem muito a ver com como nós lidamos com ela. Vamos ver como tirar o melhor da pior parte de namorar.

Evitando armadilhas da rejeição

Uma separação mútua pode ser difícil, mas ser rejeitado é particularmente ruim porque não está sob nosso controle. Nós nos sentimos largados, impotentes, vulneráveis. E muitas vezes, em vez de reconhecermos essa realidade, nós lutamos contra ela. O problema é que nossas tentativas de recuperar a sensação de controle tendem a nos manter focados na rejeição. É assim que ficamos presos na armadilha.

As rejeições que vêm passivamente, por falta de uma resposta ou de uma seqüência, podem nos prender na armadilha do "por quê?". Não temos nenhuma informação e gastamos todas as nossas energias tentando preencher esse vazio. Geralmente o preenchemos com os nossos próprios defeitos ou erros. Se você está fazendo isso agora, *pare*. Se precisar, invente uma explicação exótica, que ele foi recrutado pela CIA e teve que cortar todas as relações pessoais. O que quer que tenha feito sua paquera ir embora está ligado à vida e à personalidade dela, e ambas são tão misteriosas quanto a explicação sobre a CIA. Você pode se parecer com alguém que já a traiu. Ela pode achar que você é ótimo, mas que não é a pessoa certa. Ela pode nem saber de verdade por que não está querendo continuar a se relacionar. Então é inútil e autodestrutivo tentar identificar algo que esteja errado em você. Deixe para lá.

Do outro lado do *continuum* está a armadilha da vítima. Aqui, nós não focamos no que poderíamos ter feito melhor, mas na rejeição propriamente dita. Junto com a lamentação atual, você pode vir com todos os tipos de evidências sobre como isso "sempre" acontece. De repente esquece os relacionamentos que foram bons, ou pessoas que *você* rejeitou. Projeta mágoas passadas no presente, independentemente de quanto a vida tenha mudado desde então. Às vezes nós criamos padrões como uma maneira de tornar nossas vidas mais previsíveis, e acreditar que há algum controle. Depois podemos dizer: "Viu? Eu sabia que isso ia acontecer." O antídoto para esse pensamento é desenvolver uma pequena amnésia em relação ao passado. Rejeições antigas não precisam significar nada em relação a hoje, e a rejeição de hoje não diz nada sobre o amanhã. A rejeição é um fato da vida para todo mundo. Arrisque seguir adiante com um pouco menos de certeza.

> **Para que o "vamos ser apenas amigos" não funcione**
> — Não. Não vamos.
> — Não. Minhas amizades não vêm com um histórico sexual.
> — Não. Eu prefiro sexo a festas de pijama.

É tentador procurar as respostas em nós mesmos, culpar o destino ou analisar o que houve de errado. Todos nós já ouvimos, diretamente ou em filmes: "Não é você, sou eu." A declaração soa falsa, porque a rejeição reflete algum tipo de insatisfação com a outra pessoa. Mas por mais idiota que a frase seja, é verdade. Quem rejeita pode ter problemas com compromisso ou algum problema que não é só com você. Por exemplo, uma pessoa que goste de ordem e previsibilidade em sua vida pode ter problemas com seu estilo mais espontâneo. Isso significa que o seu estilo é ruim? Não! Essa qualidade mesma vai excitar outra pessoa. Por que não se poupar de toda essa dor e achar essa outra pessoa?

Ficando do seu próprio lado

Quando sofremos uma separação, é natural lutar contra ela. Para negá-la, muitas vezes pensamos como a pessoa que nos rejeitou. Se sua paquera lhe disse que você era "intenso" demais, você pode acreditar na crítica dela e se sentir envergonhado. Certamente há vezes em que a rejeição pode nos ajudar a encarar uma coisa que nós *queremos* mudar. Mas muitas vezes a rejeição simplesmente reflete uma combinação ruim.

Quando você sofre uma rejeição, mesmo que seja sutil, tente ficar do seu próprio lado. Diga para si mesmo: "Isso não funcionou com ele", em vez de "fiz besteira". Sinta o poder de atrair as pessoas para quem isso funciona. Essas são as pessoas que você quer, de qualquer maneira!

O lado positivo (sim!) da rejeição

Nós podemos ficar tão ocupados lutando contra a rejeição que esquecemos alguns dos benefícios. Rejeições geralmente vêm de duas fontes: seu parceiro não é louco o bastante por você, ou está com medo de se aproximar demais. De qualquer forma, é bom eliminar esses amantes relutantes do seu baralho.

Às vezes, as rejeições são uma bênção. Elas são parte de um processo de seleção natural que leva você aos relacionamentos realmente maravilhosos. Isso pode soar estranho, mas tente confiar na rejeição. Quanto mais cedo você o fizer, mais cedo verá novas portas se abrindo. A vida é curta demais para se passar olhando para trás.

Não é por acaso que as pessoas mais bem-sucedidas são geralmente as que sofreram mais rejeições. Elas podem não gostar disso, mas não ficam focadas nela. Então tente ver suas rejeições como um treinamento de força. Assim como um músculo fica mais forte ao ser exercitado, você está exercitando seus músculos do namoro. E como você já deve ter percebido, o jogo chamado namoro exige força!

Quando é você quem está rejeitando

Essa é uma área onde podemos achar que é melhor dar que receber. No entanto, rejeitar pode ser algo muito difícil de fazer, especialmente quando você realmente se importa com a outra pessoa. E, é claro, sabemos como é estar do outro lado.

A coisa mais difícil é ser claro. Assim como podemos nos concentrar demais em sermos rejeitados, podemos arrastar o processo da rejeição de um modo que pode causar mais mal do que bem. No começo, a comunicação mais clara pode ser o silêncio. Não comece a flertar com alguém nem deixe alguém lhe pagar uma bebida se não quiser incentivar essa pessoa. Não saia em um segundo encontro se você sabe que só está fazendo isso porque não há outras opções. Quando tiver que recusar uma pessoa, pode dizer a ele ou ela que simplesmente não sente aquele algo especial. Entrar em uma discussão muito prolongada sobre isso simplesmente mantém você envolvido. Mesmo quando você esteve se relacionando com alguém por um tempo, precisa saber quando acabar a conversa. É bem provável que você e seu par já tenham conversado sobre o que não está funcionando. Se você passou do conversar para o terminar, diga isso.

Sim, a rejeição machuca. Infelizmente, uma vez que você decide sair de um relacionamento, não é mais a pessoa que pode oferecer conforto. Pode ser educado e respeitoso, mas não vai ser o mocinho ou a mocinha da história. Essa é a natureza da separação.

Capítulo 36

Por que eu continuo saindo com você?

Não existe um pouco de liberdade. Ou você é totalmente livre ou você não é livre de maneira alguma.
— *Walter Cronkite, jornalista*

Algumas vezes nos vemos no meio de um relacionamento. O primeiro encontro vai bem, nós saímos de novo, e, um dia, acordamos casados ou quase casados. Podemos nos perguntar: "Como eu fui parar aqui?" É hora de fazer um levantamento de como você chegou a este ponto e se você quer continuar.

Indeciso ou satisfeito?

Então como estão as coisas? Você está feliz? Entediado? Entramos em relacionamentos por uma variedade de motivos, e nem todos nos servem. Vamos ver algumas destas razões e analisar quais se encaixam.

Seu relacionamento pode parecer natural e fácil. Vocês se dão bem, gostam das mesmas coisas, apenas flui. Se você teve um romance anterior que era conflituoso, isso pode ser maravilhoso. Na maioria das vezes, fácil é bom.

Por outro lado, fácil pode ser seguro, previsível e, bem, chato. A incerteza é um pré-requisito para o romance. Relacionamentos fáceis são chamados de amizades. Se fácil significa a ausência de desafios e estímulos, você pode estar se acomodando.

Como a bebida que é boa à noite e machuca pela manhã, alguns relacionamentos fornecem prazer por um custo. Talvez você esteja excitado pelo corpo jovem de sua parceira, mas espera por alguém mais maduro. Talvez você se sinta incrível durante o sexo e sozinho o resto do dia. Se o sexo é a única coisa que o mantém no relacionamento, você está pensando muito pequeno. Pense novamente. A verdadeira satisfação vem quando acreditamos em abundância.

Talvez seja bom apenas ter *alguém*, e você está com medo que isto seja o melhor que pode conseguir. Talvez esteja evitando ficar sozinho. Se você é tímido, pode estar procurando refúgio do estresse de encontrar novas pessoas.

Outros tipos de medo podem estar relacionados a seu parceiro. Por exemplo, você pode temer a reação dele se você disser que vai embora ou de que ele ou ela não fiquem bem.

> **Voz da experiência**
>
> "Quando você passou por um casamento doloroso, você está pronto para embarcar em algo maravilhoso? A maioria das pessoas não está."
>
> "É o mesmo que construir o negócio que você sempre quis, insistir em um emprego que você ama. Todo mundo se acomoda. É uma falta de fé, de crença no que é possível. É tudo a mesma energia — trabalhar na fábrica, casar com um chato."
>
> "Se você está procurando por alguém para capturar ou dominar, AFASTE-SE. Se você está procurando alguém para dividir sua liberdade, venha!"

Ser necessário para alguém pode nos fazer sentir poderosos e importantes. Mas uma vez que você se sinta responsável pelo funcionamento de outra pessoa, construiu uma armadilha para si mesma. Seu grande desafio será deixar a ilusão de que é indispensável. E exatamente nessa hora, seu parceiro pode tentar lhe impedir e chantageá-lo emocionalmente com ameaças de autodestruição.

Outra hipótese é que seu namoro é bom. Vamos olhar o óbvio: você está ficando neste relacionamento porque é bom. Vocês continuam atraídos um pelo outro, passam tempo juntos, dividem o que acontece e conversam quando há um problema. Não é perfeito — nenhuma relação é, mas está viva e funcionando.

Terminando

Se seu relacionamento está calmo, por qualquer que seja a razão, pode ser exatamente o que você precisava — por enquanto. Como discutimos no Capítulo 33, alguns relacionamentos nos ajudam a curar e a fazer a transição. Mas se você começou a sentir que está se acomodando, pode estar na hora de cair fora.

Ou pedir mais do relacionamento em que já está. Uma amiga estava mal porque se sentia muito atraída pelo namorado, mas também queria mais diversão. Eu sugeri que, se ela realmente queria diversão, deveria tentar ser honesta. Seus olhos se abriram, e ela revelou nunca ter considerado esta possibilidade. Ela se abriu com o namorado e revelou uma parte dela que mantinha escondida. Ele revelou uma maturidade que a surpreendeu, e a relação foi modificada, mas não abalada.

Eu acho irônico que sempre nos jogamos num relacionamento seguro para evitar perdê-lo e tiramos a graça desse relacionamento até *não termos alternativa a não ser sair*. Se você está pensando em terminar, qual o mal em tentar mudar um pouco o relacionamento? Você pode ficar surpreso. E, se isso não funcionar, você ainda pode pular fora.

Antes de colocar um fim no relacionamento, precisamos encarar o que nos acomodou em primeiro lugar.

Normalmente, a culpa é do medo. Você pode ter caído naquele ditado do "um pássaro na mão" e achado que não existe ninguém melhor lá fora. Pode temer não conseguir substituir as poucas coisas boas que o relacionamento oferecia, ou talvez seja puro medo de ficar só. Enquanto for controlado pelo medo, não estará livre para dizer "não" em um relacionamento. Pior, não estará livre para dizer "sim". Na verdade, não estamos presos a nada. A vida é um mistério. Prenda-se a algo, e você pode se sentir seguro, mas estará evitando a vida.

Algumas vezes precisamos agir como se não estivéssemos com medo, mais do que efetivamente lutar para eliminá-lo.

Digamos que você decida ir embora. Pode ser o ato de terminar que você tema. Talvez esteja com medo das emoções que seu parceiro possa experimentar. Porém, existe uma diferença entre ouvir os sentimentos e ser manipulado. Você pode ter compaixão e continuar firme.

Se tem motivos para achar que vai haver uma reação violenta, não fique enrolando. Desenvolva um plano seguro antes de desmanchar. Converse num lugar público (combine com um parente para pegar você) ou por telefone, para você não estar sozinha quando der a notícia. Não hesite em ligar para algum grupo de apoio sobre violência doméstica para conseguir conselhos e um plano B.

Com mais freqüência, estamos com mais medo de ferir o outro do que de ser ferido. Quando você está preso à chantagem emocional — ameaças ou até mesmo suicídio, pode precisar de alguma ajuda para sair da confusão. Consulte um terapeuta. O desafio é realmente libertar você de responsabilidade que nunca teve. Uma ameaça é com freqüência um ato agressivo e manipulador. Porém, pode ser real. E não saber é que é o pior. Algumas vezes, a solução mais simples é ligar para o 190 e deixar a polícia averiguar. Se a pessoa estiver blefando, pode ficar mais relutante em repetir a encenação da próxima vez. Se for real, ela terá a ajuda necessária.

Quando uma amiga minha estava envolvida com um homem que ela pensava ser um suicida em potencial, ela perguntou a sua terapeuta: "Mas e se ele se matar?" A terapeuta disse calmamente: "Aí vai ser responsabilidade dele." Estas palavras libertaram minha amiga, e ela teve a coragem de ser honesta com o namorado. Ele não se matou. Na verdade, ele amadureceu. E ela também.

Se está funcionando, festeje!

Algumas vezes questionamos as coisas quando elas vão bem. É como se uma parte culpada de nós mesmos estivesse preocupada com esta coisa chamada felicidade. Empurre sua culpa para lá e aceite o presente real que está na sua frente. Aprecie como é bom ter alguém com quem goste de estar. Há algo melhor do que isso?

Quando conseguimos o que queremos, podemos ficar um pouco nervosos. Aceitar um presente significa confiar em alguma coisa que não controlamos. E que podemos perder. É sua escolha focar nesta possibilidade ou aproveitar o que tem agora.

Capítulo 37

Por que vivo experimentando?

"Nenhum trabalho de amor irá florescer da culpa, medo ou de um coração vazio, assim como nenhum plano válido para o futuro pode ser feito por aqueles que não têm capacidade de viver agora."
— *Alan Watts, filósofo zen*

Há muito a ser dito sobre experimentação. Aprendemos melhor através de nossa experiência, e ter experiência com pessoas diferentes nos ajuda a saber o que queremos. Da mesma forma que descobrimos nossos gostos culinários provando, aprendemos que tipo de pessoas preferimos através dos relacionamentos.

Mas, depois de termos um certo número de romances, podemos acabar nos perguntando: "O que está havendo?"

Está se divertindo? Ou está com medo de amar?

Talvez você goste de encontrar novas pessoas, explorar novos relacionamentos. Isso pode ser bem divertido. Falamos sobre apreciar o namoro pelo que ele é, em vez de encará-lo como um meio para um fim. Se está fazendo isso, bom para você!

Mas talvez você esteja preocupado sobre o fato de nunca parecer a pessoa certa para você. Talvez você se sinta como se estivesse num shopping, passando pelas vitrines das lojas mas nunca parando para comprar. Vamos dar uma olhada em algumas razões por trás da tendência a experimentar e ver o que cabe:

Você ama o processo do namoro e não está preocupado com o resultado. Talvez não tenha namorado muito quando jovem e não esteja com pressa para acabar com esta nova fase. Enquanto você for honesto com as suas intenções (ou com a falta delas), pode evitar estragar a sua diversão com mal-entendidos e culpa. Aproveite!

Mas o medo de se comprometer com alguém pode ter várias causas, entre elas uma escolha ruim no passado. E enquanto você não decide, continua imaginando aquela pessoa perfeita vindo na sua direção. Ou talvez você esteja preocupado em se magoar de novo. Se está com medo de amar, pode se ver procurando por defeitos que lhe dão motivo para não continuar. Ou talvez esteja com medo do conflito e corre ao primeiro sinal disso. Qualquer que seja a fonte, a vontade de se experimentar tem mais a ver com medo do que com prazer, você não está realmente livre.

Quando parece que você não vai além da caça, pode estar viciado no prazer e adrenalina que o jogo oferece. Uma vez que você "conquista", fica entediado. Como em todos os vícios, paga-se um preço por isso. Você pode se sentir vazio quando não está jogando, e acaba perdendo as dádivas de um relacionamento.

"Ainda estou procurando." Também pode ser que ainda não tenha encontrado alguém que mexa com você de verdade. Você não estará fazendo nenhum favor para si mesmo ou para o seu par se entrar num relacionamento pela metade. Na vida real, não é comum ficarmos divididos entre dois amores. Aí alguém aparece e tudo muda. Lembre-se, é preciso apenas um. E existe alguém para você.

Namorar pode ser ainda uma ótima fase de transição enquanto nos preparamos para entrar num relacionamento sério. É um modo de aprendermos sobre nossas preferências, nos acostumarmos com a idéia de estar com alguém e prepararmos a nós e a nossos amados para a próxima fase.

Permitindo um relacionamento

Se você não identifica o medo como a razão principal pela qual continua namorando pessoas novas, o que acha que está impedindo você de entrar num relacionamento mais profundo? Talvez exista alguém que você namorou e por quem tenha fortes sentimentos, mas não consegue se aproximar. Na verdade, é possível passar mais tempo em relacionamentos que não despertam fortes sentimentos porque parecem mais seguros. Então, enquanto você se orgulha de ter um "espírito livre", você está preso. Você não está livre para amar.

A preocupação com a perda da liberdade pode revelar uma dificuldade em negociar as nossas necessidades. Claro que é mais fácil ter o que se quer quando se está sozinho. Se você permite que seus desejos desapareçam num relacionamento, isso também é um problema. O que faz o casal realmente dar certo é a interação dos seus desejos.

Talvez você tenha se machucado — e feio. Então, em vez de arriscar perder o amor, você o corta da sua vida logo de cara. Cada vez mais vejo pessoas escolhendo um *tipo* de morte como um modo de evitar a morte. O amor e a vida são sempre um risco.

Às vezes, sem perceber, nos punimos por uma perda passada ao não dar uma outra chance a nós mesmos. Nos punimos por termos "dado algumas mancadas", bloqueando nossa felicidade. Observe os pensamentos ruins que está tendo em relação a si mesmo e tente virar o disco. Todos merecemos espaço para cometer erros, e freqüentemente são esses mesmos "erros" que nos levam a coisas melhores.

Se permita ser amado de novo, ou quem sabe pela primeira vez. Liberte a intensidade de seus sentimentos e ame de forma selvagem. Deixe seu espírito ser livre de verdade.

Namorar como um estilo de vida

Nossa cultura tem sido complicada e enriquecida pela variedade de estilos de vida. O antigo ideal de "família" não é mais o único aceitável para relacionamentos adultos. Casais de gays e lésbicas começaram a viver em união estável; padrastos, madrastas e adoções fazem parte das novas famílias; mães pais solteiros criam crianças saudáveis; casais escolhem não ter filhos; e pessoas escolhem ficar solteiras.

Para alguns de nós, o motivo de namorar não é encontrar um parceiro, mas dividir experiências enquanto continuamos solteiros. Você pode ter as suas principais recompensas por meio da sua carreira, da sua família ou da riqueza das suas amizades. Talvez tenha passado uma boa parte da vida com um parceiro e queira viver o próximo capítulo dela como uma pessoa solteira. Se o amor da sua vida morreu, talvez se sinta completo com o que conseguiu naquele relacionamento e não precise de outro.

Se você planeja continuar solteiro, sua principal responsabilidade é ser honesto sobre isso com as pessoas com quem você está ficando. A verdade para muitos de nós, entretanto, é que não sabemos aonde a vida nos levará. E isso é parte da diversão. Dê a si mesmo a permissão de mudar de idéia.

Se você está confuso sobre os seus motivos, faça esta simples pergunta: "Estou fazendo isso por medo ou desejo?" O resto é com você.

"O papa também é solteiro. Você não ouve as pessoas dizerem que ele tem problemas com compromisso."
— *Garry Shandling, comediante americano*

Capítulo 38

Por que continuo namorando a mesma pessoa (em diferentes corpos)?

A maioria das pessoas não quer realmente a liberdade, porque a liberdade envolve responsabilidade, e muitas pessoas têm medo de responsabilidade.
— *Sigmund Freud*

"Ele está diferente." "Ela não é como a minha ex." "Por que nossa relação parece a mesma?" "Por que estamos tendo as mesmas brigas?"

Se o seu novo relacionamento está parecendo um antigo, você pode estar preso em algo chamado repetição. Vamos ver como a repetição funciona e como se pode dar um fim nela.

O conforto da repetição

Uma duas intrigantes descobertas da psicanálise foi o conceito de *compulsão à repetição*. Por uma variedade de razões, as pessoas estão compelidas a repetirem os fracassos de relacionamentos anteriores. Embora a idéia pareça absurda, todos vemos isso acontecer.

Revivemos velhas situações por uma variedade de motivos. Um deles é que a repetição fornece conforto. Mesmo que nossas interações com um parceiro sejam negativas, elas são familiares, e essa familiaridade é confortável. A repetição pode nos dar uma idéia de domínio. É como uma dança. Se você aprende alguns passos, começa a acreditar que está no comando — mesmo que a dança nunca tenha sido sua, para começo de conversa. A terceira razão pela qual as pessoas repetem é a cura. Por baixo da repetição está a esperança de que, desta vez, tudo será diferente.

Então qual é a resposta para a compulsão à repetição? É a mesma resposta de Freud para tudo: *torná-la consciente*. Repetição, como piscar os olhos, quase sempre acontece sem nos darmos conta. Quando repararmos no que estamos fazendo, estaremos no caminho da mudança.

Se for um padrão, olhe para você mesmo

Se você se pega dizendo "Por que todo mundo que eu namoro é ____ _____ (um otário, carente, egoísta)?", não está apenas falando sobre seus namoros. Está revelando algo sobre a repetição que você cria. Nós freqüentemente preferimos nos ver como predestinados, amaldiçoados, que tudo conspira contra nós, sem percebermos como estamos trazendo antigas realidades de volta às nossas vidas. Contudo, enquanto evitarmos assumir esses padrões, seremos controlados por eles.

Vamos usar um exemplo para ilustrar como podemos deixar velhos padrões para trás:

O pai de Júlia teve um caso extraconjugal. Então, surpreendentemente, o marido dela tem um caso. Janaína finalmente se liberta desse relacionamento e agora está namorando um cara que, bem, ela suspeita estar tendo um caso. O padrão de deslealdade que ela testemunhou quando criança continua a se repetir em seus relacionamentos adultos. O que ela deve fazer?

A parte complicada vai ser reconhecer seu próprio papel nesse padrão. Como vimos, existem razões saudáveis e não saudáveis para as repetições. Esta repetição nos mostra que a traição paterna foi um evento marcante para Júlia, e sua vida insiste em alertá-la para esse fato. Talvez ela realmente precise de um tempo para trabalhar com um terapeuta, falar sobre aquilo por que passou e desenvolver a autoestima que a inspirará a atrair homens melhores. Se seu padrão insiste em confrontá-lo com antigos sentimentos, pode ser a hora de levar esses sentimentos a sério.

Voz da experiência

"Fui casado três vezes. Minha primeira esposa tinha uma história de abuso. Eu não tive cabeça para lidar com a situação. Minha segunda esposa também havia sofrido abuso, e eu também não consegui fazer aquilo dar certo. A mulher com que eu estou casado agora também é um reflexo desse padrão, embora o abuso sofrido tenha sido menos grave. O surpreendente é que, nos três casos, o abuso foi praticado pela mãe, e o pai não fez nada para protegê-las. Aprendi que eu sou do tipo salvador, e que preciso ser impedido de tentar salvar os outros. O nível de abuso tem diminuído a cada relação. Talvez eu esteja aprendendo."

O outro desafio para Júlia é perceber como ela escolhe seus parceiros e, então, o que ela espera deles. Talvez escolha homens com tendência a ter casos, mas ela também pode estar interpretando o papel de alguém que é traída nos relacionamentos. Se a pessoa com quem você está parece familiar (de uma forma negativa), vá com calma. Imagine que você é alguém vendo a sua relação de fora, neutra. Pergunte aos seus amigos em comum para ter outra perspectiva. E mude o seu papel.

Por fim, Júlia precisa se livrar do conforto de namorar o mesmo tipo de homem. Homens como o pai são familiares e previsíveis. Permitir-se namorar alguém menos conhecido — e depois permitir que essa pessoa seja *quem ela é*, em vez de uma projeção do passado —, esse será o desafio. Até que Júlia possa criar e desenvolver uma nova imagem do homem que quer e encontre pessoas que lhe dêem vida, ela vai começar a ficar confortável com a nova realidade.

Talvez desta vez ela fique com um cara *melhor*.

O medo de ter o que queremos

A idéia de que evitamos o que mais desejamos pode parecer um outro absurdo, mas observe mais atentamente. Todos os dias encontramos pessoas que parecem sentir um grande prazer em reclamar sobre o que elas não têm, enquanto evitam todas as oportunidades de alcançar esse objetivo. Imagine ter exatamente tudo que você quer num parceiro. Você se preocupa em não ter nada para reclamar? Você se preocupa se seus amigos e familiares ainda amarão você? Você se sente culpado?

Júlia (a mulher do nosso último exemplo) pode se sentir culpada por ter um homem melhor do que o que a mãe dela conseguiu. Deixar para trás velhos modelos pode parecer com deixar para trás pessoas com quem nos importamos. E esse pode ser um sentimento desolador.

Por isso, tenha mais contato com imagens sadias de relacionamentos, conheça pessoas que encontraram bons pares e comece a acreditar que você pode ter o que quer. Se a culpa cruzar o seu caminho, não recue. Não estamos fazendo um favor aos outros ao reforçar suas próprias experiências ruins.

Capítulo 39

O namoro e as crianças

O nome do jogo é "Segredos são perigosos, mas verdade demais é um fardo". Seu papel é achar o meio-termo.
— Sex and The Single Parent, *um excelente guia sobre namorar enquanto se criam os filhos, de Meg F. Schneider e Martine J. Byer.*

Quando começamos a namorar pela primeira vez, muitos de nós estávamos em casa e tínhamos pais satisfazendo as nossas necessidades básicas. Quando você tem seus próprios filhos, a situação é completamente diferente. Agora é o pai, e também alguém que está namorando. Vamos dar uma olhada em como podemos conciliar essas realidades com sucesso.

> ### O filho de armadura brilhante
> Não é incomum ver o conservadorismo de nossos filhos mais velhos uma vez que começamos a namorar. Os filhos de uma amiga minha observavam qualquer sinal de extravagância em seus romances. Quando ela e seu filho estavam em um evento de verão, um homem usando boné para trás chegou para conversar com ela. Assim que o menino notou, andou até lá e o confrontou: "Você tem que sair agora, porque é minha mãe e eu não quero você conversando com ela." O cara riu a princípio, mas o filho protetor insistiu bem na frente da mãe, boquiaberta: "Eu disse que você precisa sair." O homem saiu, e quando minha amiga perguntou o que ele estava pensando, o filho disse: "Boné para trás é um péssimo sinal."

Quando (e como) eu devo avisar as crianças?

Existe um conceito muito útil na psicologia chamado "sinal de ansiedade". É a idéia de que, se sinalizamos para a criança alguma coisa que pode produzir ansiedade nela, isso a ajuda a se preparar e reduz uma ansiedade real. É quando uma enfermeira prepara uma criança para uma injeção: "Agora, você vai sentir uma picadinha no seu braço." Quando a criança é picada, já está familiarizada com a experiência. Note que, descrevendo a sensação em si ao invés de carregá-la com interpretações subjetivas (como "vai doer" ou "não é nada"), deixamos a criança livre para ter sua própria resposta.

Esse conceito pode ser muito útil quando precisamos falar com as crianças sobre nossos namorados. Sinalizar para as crianças *antes* de elas se sentirem afetadas pelo seu relacionamento pode prevenir ansiedade excessiva, assim como sentimentos de confusão ou traição que podem vir à tona se forem surpreendidas. A *maneira* como você fala sobre isso vai variar de acordo com a idade da criança.

Embora queiramos preparar os nossos filhos, não queremos sobrecarregá-los. Contar mais do que o necessário e antes do tempo certo pode deixá-los com informações que eles não estão prontos para processar. E namorar abertamente, principalmente se você está conhecendo pessoas novas, pode fazer com que seus filhos se sintam inseguros quanto ao que é amor e expô-los sem necessidade a sentimentos de perda quando o relacionamento acaba. Você tem o direito de criar limites para a sua privacidade se o assunto é a sua vida romântica. Se seus filhos estão com o seu ex ou já têm idade para viverem sozinhos, você possui um limite natural, que permite liberdade para considerar de que maneira contar a eles.

Trabalhar a tensão entre envolver e proteger as suas crianças é um processo que depende de muitos fatores, incluindo até como você as criou. Uma regra geral é que, se elas vão saber de qualquer forma, por causa de uma visita do seu parceiro, uma ligação interceptada ou mudanças no seu comportamento, dê a elas alguns sinais. Por exemplo, se uma pessoa com quem está saindo passa para pegar você, uma criança mais jovem só precisa saber que você vai passar mais tempo com um bom amigo. Crianças mais velhas podem saber que você está "só namorando", querendo encontrar novas pessoas, e que curte sair com gente de sua idade. Faça uma apresentação amigável na porta e pronto! Tenha em mente que quanto mais casual for, menos elas vão ficar alarmadas. Crianças são esponjas de sentimentos não-falados, então tente lidar com sua própria ansiedade e culpa *antes* de falar com eles.

Não importa o quão bem você lide com as coisas, esteja preparado para tudo — tormentos, desesperos ou, mais surpreendentemente, uma boa reação!

Crianças e afeto

Digamos que você esteja namorando firme uma pessoa. Seus filhos sabem que ela é a única que liga ou te visita. Talvez seu "amigo" tenha ido com você ao jogo de futebol das crianças ou até mesmo jogado bola com elas. Seus filhos vão querer saber o que está acontecendo e podem perguntar: "Você está apaixonada?", "Você vai se casar?". Como você, seus filhos podem desenvolver esperanças e fantasias de que terão um futuro juntos, ou sonhos mágicos de restaurar algo perdido pelo divórcio. Por outro lado, seu filho vai precisar da certeza de que você não vai substituí-lo.

Ao responder as perguntas sobre esse seu "bom amigo", você precisará se afastar dos seus sentimentos e ser cuidadoso em sua resposta. Mesmo que esteja certo de que está apaixonado e não pode imaginar ficar com outra pessoa, controle seus sentimentos quando for falar com seu filho. A não ser que esteja com um casamento de data marcada — caso em que você terá muito para conversar —, conte apenas a realidade para o seu filho:

1. Você e seu namorado se tornaram próximos e vocês gostam de passar tempo juntos.
2. Vocês ainda estão se conhecendo.
3. Você não sabe se você e essa pessoa decidirão ficar juntos ou não.

Mesmo quando você se previne, as crianças tendem a se prender a alguém que se torna familiar em suas vidas. E se você se separa daquela pessoa, eles vão sentir a perda.

Esse pode ser um duplo problema para você, principalmente se estiver confuso sobre o fim da relação. Você pode admitir estar triste, mas o seu papel principal aqui é saber como seus filhos se sentem e ajudá-los a se adaptarem às mudanças. A sua habilidade de fazer isso mostra que você consegue agüentar o tranco e que continua disponível para elas como pai ou mãe.

> **Voz da experiência**
> "É confuso para as crianças. Já é duro para eles ver você *namorando*. Eles não querem nem pensar em você fazendo sexo com outra pessoa: 'Pensar em você fazendo sexo com o papai já é nojento o suficiente!'"

Combinando onde dormir

Em termos freudianos, nunca o id e o superego estarão em maior conflito do que quando você pensa se pode deixar seu parceiro passar a noite em seu quarto quando as crianças estão em casa. Seus impulsos de busca pelo prazer (o id) dirão "sim", enquanto o seu reforço moral (o superego) vai dizer "não". Seu id vai se ressentir com seus filhos, e seu superego vai inundar você de culpa pelo seu ressentimento. O ego, encarregado de ajudar os dois a trabalharem juntos, pode começar a pipocar e dar "tilt" por causa da pressão.

Para ajudar a definir os seus sentimentos, comece adiantando as conseqüências. Considere o seguinte:

- Eu vou realmente conseguir aproveitar alguma coisa se meus filhos estiverem dormindo ao lado? Como eu vou lidar com uma interrupção? (Pedidos para beber água tendem a aumentar com a presença de um convidado.)
- Estou pronto para responder por que ele vai dormir na nossa casa? Eu quero meus filhos pensando na minha vida sexual?
- Estou pronto para que meus filhos nos vejam como um casal, dormindo onde "o papai e a mamãe" costumavam dormir?
- O que eu quero que meus filhos aprendam sobre sexo? Eu quero que eles me vejam trocando de parceiros sexuais? Se eu trouxer uma pessoa especial para o quarto, o que acontece se terminarmos o relacionamento?

É muito melhor ser honesto consigo mesmo do que fingir que não existe conflito e ver todos em casa se sentindo desconfortáveis. Se você não pode imaginar uma forma de lidar com isso, aproveite o desafio de achar outros lugares para ter intimidade: é parte do que fazia isso ser tão divertido quando éramos mais jovens!

Se você escolhe ficar com seu parceiro durante a noite, vai ser muito menos traumatizante para as crianças se isso acontecer aos poucos. Uma progressão natural pode incluir: passar cada vez mais tempo juntos; passar mais tempo em sua casa e com as crianças; demonstrar afeto na frente delas; permitir que seu parceiro fique até tarde em várias noites, incluindo-o nos rituais da hora de dormir de seus filhos; e depois deixá-lo ficar para dormir. Assim, você ensina a eles que o sexo vem no contexto de um relacionamento amoroso. Contudo, trazer seu parceiro para casa dessa maneira estabelece mais um conceito de família, e isso significa apego...

Ninguém disse que seria fácil. Mas aceitar o desafio de amar seus filhos enquanto encontra o amor vale toda a energia que colocamos nisso.

Capítulo 40

Minha paquera tem compromisso!

Eu acho que ele [o homem casado] é maligno. Não é sua esposa que não o entende. Ela o entende perfeitamente! É sua namorada. E o que ela não entende é por que ele não pede divórcio.
É simples. Ele não quer. Por causa das crianças, por causa da sociedade e porque em muitos casos ele não desgosta da esposa. Ele pode estar cansado dela e cansado de ela o entender perfeitamente, mas basicamente eles são bons amigos... Na verdade, provavelmente todo homem (e mulher) casado já pensou em divórcio e talvez o suficiente para dizer 'e se' para um advogado. Mas entre o pensamento e o divórcio existe uma área tão ampla, perigosa e não-navegável quanto o Estreito de Magalhães.
— *Hellen Gurley Brown*, em Sex and the Single Girl

Então é o melhor momento de sua vida. Seu parceiro o trata como alguém da realeza, é compreensivo e está louco por você. Um pequeno detalhe: ele é casado. Se você se encontra nessa situação, não está sozinho. Namorados casados podem ser muito sedutores, e muitos de nós já passaram por isso.

Como isso foi acontecer?

Quando um amante casado se torna uma pessoa real para você — uma pessoa que consegue compreender, e a imagem de imoralidade que tinha desse tipo de situação perde o sentido. A pessoa que você namora não é mais o traidor, é apenas alguém que está infeliz, perdido e procurando as mesmas coisas que todo mundo.

Mas seu cérebro começa a sofrer algumas lesões. Você começa a ter a experiência de uma ruptura na sua realidade, onde as palavras do seu namorado ou namorada ganham mais importância do que suas ações. Sem saber como é a outra vida do seu parceiro, começa achar que ele é devotado a você. De fato, você acha que ele é devotado de uma maneira que ninguém jamais foi.

A nossa suscetibilidade — sim, geralmente ocorre com as mulheres — não tem nenhuma relação com o nosso nível de inteligência. Conversei com mulheres no auge de suas profissões e que já sofreram com isso. Uma pessoa com um casamento infeliz é capaz de se dedicar ao amante de uma forma que nenhum solteiro consegue. No papel da "outra" mulher da relação, para ele você se torna o símbolo da liberdade, do entusiasmo, de tudo o que a mulher que o espera em casa não é.

E essa realidade pode ser intoxicante. Quem não gosta de ouvir que é a pessoa mais extraordinária do planeta — a mais bonita, inteligente, excitante, divertida? Mesmo que não gostemos de admitir, quem não curte ser comparado às outras pessoas de uma forma positiva? Você é tudo, o centro. Ofereça isso a alguém que se sentiu privado desses docinhos por tanto tempo — e acha que tem direito a essa diversão, caramba — e tem a chave para conseguir um "affair".

O paradoxo real aqui é que a pessoa que faz você se sentir o *único* *já tem* alguém. Talvez seu parceiro esteja terminando o casamento (ou diga que está), mas o fato é que atualmente ele ainda é casado.

Voz da experiência

"Foi muito triste. Eu me lembro de ter pensado: 'Acabei de encontrar o homem que sempre quis encontrar, mas é tarde demais. Ele é casado.' Levou um tempo, mas eu finalmente desmanchei. Aí ele voltou para mim. Deixou a esposa e me pediu para casar com ele. Mas antes que isso pudesse acontecer, ele voltou para ela. Eu conversei com outras mulheres e percebi que eu não era a única naquela situação.

O amor por um preço

Então, o que está errado em se sentir valorizado e especial? Absolutamente nada. Esses são bons presentes. O único problema é que você não está recebendo esses presentes de graça. O problema não é que você esteja com muitas expectativas, mas que você devia esperar *mais* de uma relação. Aqui estão algumas forças minando os bons sentimentos que você recebe:

• Culpa. Ajuda a ver a esposa (ou o marido) em casa como um monstro, mas em geral, de alguma forma, você sabe que o seu prazer está vindo às custas do prazer de alguém. E a culpa estraga o seu prazer.

• Amor de meio-expediente. Porque a esposa (ou marido) é reconhecida publicamente, seu relacionamento não pode ser público. Não é provável que você seja exibida ou possa exibir o seu interesse amoroso. As vezes em que muitos casais saem para se divertir — isto é, nos fins de semana — são exatamente os dias em que ele precisa ficar em casa. E não conte com ele para aparecer no seu aniversário. Você começa a associar o prazer a alguma coisa que precisa ser escondida e colocada em segundo plano na sua vida.

- Tempo perdido. Todo o tempo que você espera pela chance do seu parceiro casado estar disponível é uma oportunidade perdida de encontrar pessoas que são loucas por você *e* solteiras.

Esperando mais

Mas e se você pudesse ter a veneração que está experimentando agora — ou melhor, uma veneração que não tem a sua origem num relacionamento ruim? Você aceitaria a oferta?

A resposta para essa questão é importante, porque o fato de você não *ter* realmente o seu amante pode ser útil de alguma forma. Talvez você esteja com medo de ter uma relação por inteiro, ou não se sinta pronto. Talvez goste de ter uma versão light do seu parceiro e deixe a versão de carne e osso para o cônjuge dele. Ou talvez o perigo e a aventura de um relacionamento secreto excitem você. Seja honesto consigo mesmo e lembre-se: seu problema não é o que você quer, mas até que ponto você chegará para ter isso.

Normalmente, porém, a razão pela qual ficamos presos nesse tipo de relacionamento é que ele satisfaz muitas de nossas necessidades, e é difícil imaginar que poderíamos atendê-las num envolvimento legítimo. No entanto, se é isso que você quer, deve colocar de lado o seu medo e seguir em frente. Aqui estão os passos que pode tomar:

1. Seja muito claro no que quer e no que não quer. Escreva isso em duas colunas, se ajudar. Perceba aquilo de que gosta no seu atual relacionamento, porque esta é a chave. Você parece pronto para arriscar muito por esses benefícios. Eles dizem alguma coisa sobre o que está faltando em sua vida. Seja expansivo com seus desejos. Ignore as vozes em sua cabeça que dizem que você está esperando demais.

2. Passe a acreditar que você pode ter mais. Cerque-se de pessoas que podem ajudá-lo a acreditar nisso. Se você não consegue se libertar, procure ajuda para abandonar o medo e se permitir mais.

3. Diga ao seu par exatamente o que você quer. Você pode dizer que preferia ter tudo isso com ele, mas que vai procurar com outra

pessoa se for preciso. Então, diga a ele que você não quer participar dessa versão empobrecida de relacionamento. Diga adeus.

4. Dê uma festa para si mesmo. Você apenas agiu com amor próprio, e isso é algo que vale a pena celebrar. Se tiver vontade de chorar, a festa é sua, pode chorar se quiser! Convide todos aqueles que estiverem orgulhosos de você.

5. Não deixe de acreditar!

Capítulo 41

Será que é amor?

Você pode se esquecer daquele com quem você riu, mas nunca daquele com quem você chorou.
— *Khalil Gibran*

Você pode estar apaixonado, e fica petrificado de medo. Ou você pode se perguntar se o que sente é realmente amor — uma vez que você já se enganou sobre isso antes.

Mas ao mesmo tempo que está morrendo de medo, você também se sente inundado por um sentimento de renascimento, uma inocência renovada, uma crença em milagres. Você se pega rindo toda hora.

E, só de fazer isso, outra parte de você lhe dá um tapa na cara e diz: "Acorda!" Essa sua parte afirma que realidade é a dor que experimentou, e que o que você sente agora é apenas fantasia.

Não, você não está no meio de um filme psicodélico. Você está sendo sacudido por uma das questões mais delicadas da vida: "Seria isso o amor?"

Eu amo Paris

Ninguém está mais vulnerável do que a primeira pessoa de um casal a dizer: "Eu te amo." A atriz Audrey Hepburn capturou esse sentimento quando contracenou com Fred Astaire, no musical *Cinderela em Paris*.

Como os seus personagens Joe e Dick trabalham juntos como modelo e fotógrafo, eles desenvolvem uma intimidade especial. Em um de seus ensaios, ela está vestida como uma noiva do lado de fora de uma igreja parisiense. Para fazê-la encarnar o personagem, Dick fala sobre o tipo de sentimentos que ela estaria experimentando em seu dia de casamento. Contudo, Joe só conseguia se concentrar no fato de o vestido de casamento não ser dela, e de ninguém realmente estar esperando por ela na igreja. Quando ela não consegue mais ocultar sua tristeza, Dick comenta: "Joe, algo está errado." Ela responde: "Não, por quê?" E ele continua: "Você é a noiva mais triste que eu já vi." Ele vai em sua direção, construindo a cena que quer fotografar: " Esse é o dia do seu casamento. É o dia com o qual você tem sonhado por toda a sua vida. Você vai se casar com o homem que você ama, o homem que ama você..." Ao fitar os olhos dela, Dick se envolve em suas próprias palavras: "Ele é o único... e você é....", e então seus lábios encontram os dela em um romântico beijo. Quando se soltam, ela finalmente revela os seus sentimentos: "Ah, Dick, eu achei que isso nunca aconteceria! Não quero voltar para casa nunca mais. Eu amo Paris e eu amo essas roupas e a igrejinha e eu te amo." Certificando-se de que havia escutado direito, ele pergunta: "O que você disse?" Ela rapidamente recobra sua timidez e responde: "Eu amo Paris!"

Como eu posso ter certeza?

Lembra aquelas figurinhas bonitinhas do "Amar é..." que se tornaram uma febre nos anos 1980? O desenho, mostrando nus infantis com cabeças redondas e grandes olhos, equacionava o amor com simples atos de generosidade e gentileza. Mas hoje, quando nos fazemos essa pergunta, a resposta é tudo, menos simples. Sabemos que podemos ter *sentimentos* de amor sem aquelas qualidades que fazem dele algo duradouro. Também sabemos que o que parece amor pode se virar contra nós, e que o que era atraente pode depois se tornar irritante. Muitos de nós diferenciamos "estar apaixonado" — aquele desejo irresistível de "amar", um tipo de sentimento mais resistente e generoso. A maioria de nós quer uma relação que possua essas duas coisas.

Conforme as frases do "Amar é..." revelavam, o amor pode ser muitas coisas. Todos provavelmente o experimentam de diferentes formas e com diferentes pessoas. Mas quando você se pergunta: "Será que é amor?", na verdade está querendo saber se isso é O amor — aquele sentimento no qual quer colocar todas as suas energias. Considere os seguintes elementos, e a resposta se tornará muito mais clara:

- Embora não seja suficiente, *sentir-se apaixonado* é essencial. É a química e o magnetismo entre vocês que fornecem o prazer e a satisfação capazes de sustentar uma relação em seus altos e baixos. O desejo de estar junto em geral é tão forte que vocês não conseguem se imaginar vivendo separados. Isso é muito diferente de inventar um motivo bom e lógico para se estar junto. Eu conversei com homens e mulheres que se casaram com pessoas ótimas e que depois quiseram saltar fora. Esses indivíduos sabiam que eles provavelmente poderiam resolver as coisas se tentassem, mas a motivação não estava lá. Com maior freqüência, a motivação era a segurança, o desejo de ter uma família ou a necessidade de ser amado.
- Vocês dois se sentem sortudos por terem um ao outro em suas vidas. Um certo nível de idealização mútua indica que ambos sentem

que têm algo a aprender entre si. Contanto que o casal se empenhe nessa jornada, pode passar por transformações por meio da relação, cada um se tornando mais do que era individualmente. Se, por outro lado, suas qualidades opostas se tornam mais polarizadas, o conflito e a distância podem surgir. A forma como isso será resolvido vai depender do tipo de comprometimento. O que não funciona é se acomodar. Nesse caso, sacrifica-se amor por segurança.

- Os dois estão dispostos e prontos para mudar. Sim, eu sei que você ouviu que esta é uma má idéia, entrar em uma relação planejando mudar a outra pessoa. Isso é verdadeiro apenas em parte. Devemos começar amando um ao outro pelo que ele é. Mas se o amor não provoca mudança em nós, é algo inútil. Se existe um fator que eu posso apontar para o fracasso das relações, é a relutância dos parceiros em evoluir. Somos feitos para mudar, e escolhemos relações que nos ajudem a mudar na direção que desejamos. Se você e o seu parceiro trabalham os seus conflitos e ambos acabam melhores por conta disso, estão se saindo bem nessa área. Tenha em mente que isso só é possível porque os dois se sentem seguros na relação, sabendo que podem dizer a verdade sem se sentirem ameaçados. Isso não significa que o seu parceiro não vai ficar com raiva. Uma relação que não deixa vocês enlouquecidos de vez em quando não vale a pena.

- Vocês se conhecem e ainda querem ficar juntos. É fácil amar alguém que parece ótimo e passa apenas bons momentos com você. Mas a intimidade verdadeira só ocorre quando partilhamos o que normalmente *não* deixamos os outros verem. Uma vez que vocês tenham passado por uma crise ou duas e visto um ao outro em seu pior momento, estão na melhor posição para julgar a força do seu amor.

- Você escolhe o amor. Nós freqüentemente nos sentimos passivos com relação a este sentimento, como se ele é que fosse escolher por nós. Em toda relação, o *sentimento* de amor vem e vai, e o ódio aparece também. Escolher o amor nos dá o suporte para as variações corriqueiras dos nossos sentimentos.

No fim das contas, "Será que é amor?" não é realmente uma questão. É uma escolha.

A questão do compromisso

Se nos tornamos cautelosos em matéria de amor, podemos abertamente não acreditar em casamento e compromisso. Muitos de nós nos sentimos enganados pela promessa do que o compromisso deveria ser. Crescemos pensando no compromisso como um evento único, que deveria garantir um futuro feliz. Na verdade, nós colocamos o casamento e o compromisso numa mesma equação. O casamento selaria o acordo, e depois viria o "viveram felizes para sempre".

Esse modelo ensina que a única condição para que um compromisso exista é a de ficar junto — não importa o que aconteça. E muitos casais assim fazem. Não importa se eles se detestam ou se nunca se falam — eles estão juntos. O problema é que o casamento nunca *significou* compromisso. Casamento é uma declaração pública de compromisso, uma cerimônia religiosa, um estado civil, e também uma celebração. E há evidência de que, quando um compromisso é feito publicamente, as pessoas se sentem mais responsáveis por honrá-lo.

Mas o compromisso exige muito mais do que duas pessoas ficarem juntas. É uma promessa entre duas pessoas de se unirem quando algo se interpor entre elas. Mesmo parecendo simples assim, não é sempre uma condição fácil de satisfazer. Essa é a diferença fundamental entre o compromisso entendido como um evento único e como um processo. A primeira suposição assume que a mudança é uma ameaça, e a segunda supõe que mudar é a realidade e a verdadeira dádiva dos relacionamentos.

Então, como o compromisso funciona na vida real? Vamos supor que você e seu parceiro tenham uma briga. Você pode escolher levar o conflito para fora da relação e reforçar as suas defesas. Esse caminho pode ser bem gratificante, pois você encontra outras pessoas que concordarão com o seu ponto de vista e apoiarão os seus sentimentos.

Pode até mesmo encontrar um amante que o entenda *completamente*. Só que ao tomar esse caminho, você se protegeu da mudança.

Isso não significa que você nunca vai criticar o seu parceiro (isso é até saudável, mas não exagere. E falar com um amigo de confiança não substitui a conversa que você e o seu parceiro precisam ter.

Voz da experiência

"Éramos muito cautelosos. Fizemos uma série de pequenos contratos para nos ajudar a planejar. Podíamos concordar em estar disponível um para o outro por duas semanas? No fim das duas semanas fizemos um contrato por mais duas semanas. Depois disso perguntamos se poderíamos contar um com o outro por um mês. No fim do contrato, reavaliamos o status da relação: estávamos comprometidos exclusivamente um com o outro, passando muito tempo juntos, dormindo na casa dela com muita freqüência, esse tipo de coisa. Depois de um mês, partimos para seis meses. Àquela altura, era só um jogo para nós, e sabíamos disso."

A vulnerabilidade de amar

O amor sempre nos faz vulneráveis, porque se temos amor, podemos perdê-lo. Muitos de nós *vivemos* esta dor, talvez mais de uma vez.

Eu aprendi um conceito maravilhoso com um pastor. Ele disse que o desafio da vida adulta é desistir da simplicidade das crenças da nossa infância para brigar com a complexidade e com as dúvidas, e ao fim voltar a uma nova inocência, uma que não nega mas transcende a dúvida. Eu acho que isso também vale para o amor. Sabemos mais agora do que quando ele era tudo aquilo de que precisávamos. Aprendemos muito sobre nós mesmos e sobre relacionamentos, e tomara que você tenha aprendido algumas coisas com este livro. O desafio é mais uma vez acreditar no amor.

Apêndice A

Elaborando o seu "anúncio"

1º passo
Se você precisar disto para uma propaganda pessoal ou apenas para carregar com você, um anúncio pode ajudá-lo a promover o melhor que você tem a oferecer. Complete as sentenças, escrevendo abaixo respostas espontâneas. Não se preocupe em se repetir ou completar cada item. No final, nós iremos retirar o seu anúncio.

1. Durante o meu crescimento, eu sempre tive talento para:
_____
_____
_____
_____
_____

2. As pessoas dizem que eu sou:
_____
_____
_____

3. O que eu amo em mim é:

4. Meus filmes preferidos são:

5. Meus livros preferidos são:

6. Eu coleciono:

7. Minhas viagens incluem:

8. Eu adoraria visitar:

9. Minhas experiências mais emocionantes são:

10. O que eu ainda quero experimentar é:

11. Eu gosto de pessoas que são:

12. Para mim, a melhor relação é:

13. O que eu gosto na minha aparência é:

14. Eu me divirto muito quando:

15. O que me irrita é:

16. Eu me preocupo com:

17. O que me faz ser sexy é:

18. A melhor coisa na minha família é:

19. Eu admiro:

20. Meu sonho mais ambicioso seria:

21. O que eu gosto na minha vida é:

22. Eu superei:

23. Meu estilo pode ser descrito como:

_____
_____
_____
_____
_____

24. Eu tenho orgulho de:

_____
_____
_____
_____
_____

25. A idéia que eu tenho de um romance é:

_____
_____
_____
_____

26. Minhas bandas/músicos/estilos de música são:

_____
_____
_____
_____

27. Eu estou procurando por:

_____
_____
_____
_____

Elaborando o seu "anúncio"

28. O que eu acredito é:

29. O que me relaxa é:

30. Eu amo:

31. Eu gostaria de viver:

32. Meus melhores amigos sempre têm sido:

33. Eu gosto de assistir a:

34. Eu gosto de jogar:

35. Eu gosto de comprar:

36. Eu gosto de me expressar criativamente através de:

2º passo:
Agora, volte e circule os itens que se repetem ou as respostas que você mais gostou. Ponha todas juntas em uma ou duas sentenças que descrevam você:

_____
_____
_____
_____
_____
_____
_____
_____
_____

3º passo:
Por fim, veja se você pode encontrar uma palavra ou frase que capture a sua melhor qualidade. Vá em frente e experimente algumas, até que você consiga:

_____
_____
_____
_____
_____
_____
_____
_____

Meu anúncio!

Apêndice B

Quem atrai você?

Responda às seguintes questões e começará a ter uma idéia de quem você está procurando. Quando essa pessoa aparecer, você estará preparado!

Físico, Personalidade, Profissão e Filosofia

1. Físico: pinte a figura
Eu sou atraído por pessoas com (descreva cada característica):
cabelos (compridos, desgrenhados, escuros etc.) _____
olhos _____
pele _____
corpo _____
peso _____
roupas _____
jóias e acessórios _____
estilo _____
Pessoas (amigos, celebridades) pelas quais sou atraído fisicamente incluem:

_____
_____
_____
_____

Essas pessoas se parecem nos seguintes aspectos:

_____
_____
_____
_____
_____

1ª conclusão: Eu resumiria o visual que eu mais gosto como...

_____
_____
_____
_____
_____

2. Personalidade: dê vida à figura
Eu me interesso por pessoas que são:
socialmente _____
emocionalmente _____
sexualmente _____
e que tenham um(a):
mente (curiosa, decidida) _____
atitude _____
mundo interior _____
senso de humor _____
jeito de ver a vida _____
visão _____ sobre relacionamentos
Eu sou atraído pelas personalidades das seguintes pessoas:

_____
_____
_____
_____
_____
_____

Quem atrai você?

As pessoas acima são parecidas no seguinte:

_____
_____
_____
_____
_____
_____

2º Conclusão: Meu estilo de personalidade preferido é...

_____
_____
_____
_____
_____
_____

3. Profissão: inclua um estilo de vida
Eu sou atraído por pessoas que:
trabalham no setor de _____
vestem _____
para trabalhar.
têm uma atitude _____ com
relação ao trabalho
tiveram educação (básica, superior etc.) _____
possuem um tipo _____ de inteligência
têm experiência em _____
se expressam através de _____
possuem um _____ senso de responsabilidade
viajam _____
ganham um salário _____
trabalham _____
horas
precisam _____
de liberdade
assumem _____ riscos

Personagens, reais ou fictícios, cuja vida profissional me atrai:

_____
_____
_____
_____
_____
_____

As pessoas acima se parecem nos seguintes aspectos:

_____
_____
_____
_____
_____

3ª Conclusão: Meu estilo profissional preferido é...

_____
_____
_____
_____
_____

4. Filosofia: adicione profundidade
Eu sou atraído por pessoas que:
acreditam _____
estão explorando _____
gostam de conversar sobre _____
são alimentadas espiritualmente por _____
praticam _____
ajudam os outros através de _____
são politicamente _____
possuem entendimento de _____

Eu sou atraído pela forma de pensar, pelos valores ou pela presença espiritual destas pessoas:

_____
_____
_____
_____
_____

As pessoas acima são parecidas nos seguintes aspectos:
___
___
___
___
___

4ª Conclusão: A alma que eu estou buscando é...
___
___
___
___
___

Juntando tudo
Observe as quatro conclusões que você tirou e descreva de maneira resumida o par que você deseja:
___
___
___
___
___

Veja se você pode capturar a essência desta pessoa em uma única palavra ou frase. Tente algumas:
___
___
___
___
___

É isso!
Parabéns! Você criou a uma fórmula pessoal para o seu parceiro ideal. Tente encontrá-lo e divirta-se!

Editora responsável
Cristiane Costa

Produção editorial
Daniele Cajueiro
Guilherme Bernardo

Revisão de tradução
Giuliana Alonso
Ilson de Bacellar
Sheila Til

Revisão
Ana Carla Souza
Guilherme Semionato
Marília de Freitas

Diagramação
Filigrana

Este livro foi impresso em São Paulo, em junho de 2008,
pela Lis Gráfica e Editora, para a Editora Nova Fronteira.
A fonte usada no miolo é Adobe Garamond Pro corpo 11/15.
O papel do miolo é offset 75 g/m², e o da capa é cartão 250 g/m².